AF285571

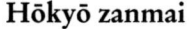

Hōkyō zanmai

Meister Taisen Deshimaru wurde am 29. November 1914 in der Provinz Saga in Japan geboren. In der Meiji-Zeit unterrichtete sein Großvater väterlicherseits die Samurai im Jūdō, und sein Großvater mütterlicherseits war Doktor der östlichen Medizin. Sein Vater war Geschäftsmann und wurde Bürgermeister. Seine Mutter, eine leidenschaftliche Buddhistin, erzog ihn religiös. Schon in seiner Kindheit traf er den Zen-Mönch Kōdō Sawaki und wurde sein Schüler. Nach seinem Studium an der Universität von Yokohama übernahm er einen verantwortungsvollen Posten in der Bergbautätigkeit der Gesellschaft Mitsubishi. Nach dem Krieg, den er in Indonesien verbrachte, folgte er weiter der Unterweisung seines Meisters Kōdō Sawaki, übte bei ihm Zazen und gründete das Institut für asiatische Kultur.

Vor seinem Tod bestimmte ihn Kōdō Sawaki zu seinem Nachfolger und übertrug ihm die Weitergabe der Lehre durch Shisho.

Meister Deshimaru lebte seit Ende 1967 in Paris und richtete dort seinen Tempel ein. Hier wurde auch die Europäische Zenvereinigung (AZI) gegründet, um ihn in seiner Arbeit zu unterstützen. Deshimaru-Rōshi bekleidete das Amt des Kaikyō-sōkan (geistiges Oberhaupt) des Sōtō-Zen für Europa und wurde in dieser Tätigkeit auch von den anderen Zen-Schulen Japans unterstützt. Iwamoto-Zenji, Hauptabt des Sōtō-Zen und Präsident der Buddhistischen Vereinigung Japans, sagte von ihm einmal, er sei »der Bodhidharma der modernen Zeit«.

Taisen Deshimaru-Rōshi starb am 30. April 1982.

HŌKYŌ ZANMAI

DER SAMĀDHI DES SCHATZSPIEGELS

EIN ZEN-TEXT VON MEISTER TŌZAN RYŌKAI
(DONGSHAN LANGJIE, 807-869)
VOLLSTÄNDIG ÜBERTRAGEN
UND MIT KOMMENTAREN VERSEHEN VON

TAISEN DESHIMARU-RŌSHI

WERNER KRISTKEITZ VERLAG

2., durchgesehene Auflage 2006. Einzig berechtigte Übertragung aus dem Französischen von Gyokuhō Rengetsu. Titel der Originalausgabe: »Textes Sacrés du Zen (Ch'an), Vol. 1: Hokyo Zanmai et Sandokai.« Copyright © by Éditions Seghers, Paris 1975. Deutsche Rechte © Werner Kristkeitz Verlag, Heidelberg 1978.

Gedruckt in Deutschland

Internet: www.kristkeitz.de

空鏡

Hōkyō –
Der kostbare Spiegel.

Vorwort

Es erscheinen heutzutage viele Bücher über Zen. Oft genug sind dies jedoch Werke von fragwürdiger Genauigkeit, die viele Menschen irreführen hinsichtlich des wahren Wesens des Zen. Diese wenig authentischen Bücher befriedigen mehr das Verlangen des Lesers nach Fremdartigem als seinen Wunsch, Zen wirklich zu verstehen. Tatsächlich kennen viele Autoren nicht einmal die wahren Schriften, die durch die Vorfahren Bodhidharma, Eka, Sōsan usw. überliefert wurden und die noch niemand in Europa in ihrem ursprünglichen Wesen übersetzt und der Öffentlichkeit bekannt gemacht hat. Ich habe mich deshalb entschlossen, die wichtigsten Texte des Zen mit Kommentaren zu veröffentlichen.

Die beiden grundlegendsten Werke, *Sandōkai* und *Hōkyō zanmai*, sind im Westen bislang kaum bekannt. Und wenn sie ohne Kommentare übersetzt wurden, blieb der tiefere Sinn hinter den Worten und Metaphern in Kōan-Form versteckt.

In allen Zen-Tempeln Japans rezitieren die Mönche jeden Morgen das *Sandōkai* und das *Hōkyō zanmai*; selbst der kleinste, in den Bergen versteckte Tempel setzt diese Tradition fort. Schon die Mönche, die sich noch im Kindesalter befinden, die *shami*, kennen diese beiden Sūtras. Ihr Meister muss ihnen immer wieder von Neuem diese Werke, die nicht nur Sūtras, sondern die reine Essenz, das Mark des Sōtō-Zen sind, vorlesen. Um zum Verständnis des Sōtō-Zen zu gelangen, muss man diese beiden Texte sehr genau kennen und studieren.

Die Krise im menschlichen Dasein hat heute ihren Höhepunkt erreicht. Dem Lauf der Dinge mit zu großer Hingabe zu folgen oder ihn auch leidenschaftlich zerbrechen zu wollen – beides führt uns in die zwei Sackgassen: Unterentwicklung und übermäßigen Konsum. Auf unserem Erdball regiert die Dualität von Überproduktion und Unterproduktion. Die ungeheure Freiheit, die der Überfluss bietet, und die Einschränkung in der Armut sind hier sehr nahe beieinander.

Wie kann man diese Krise, diesen Widerspruch lösen? Keine Politik, keine Philosophie und keine Religion hat bisher eine anwendbare und konkrete Lösung gebracht. Jedoch schon vor einigen Jahrhunderten hat ZEN den Schlüssel geliefert – in den Texten *Sandōkai* und *Hōkyō zanmai*, die in diesem und einem zweiten Band dem Leser hiermit vorgelegt werden.

SAN ist die Verschiedenheit, das Dasein, die Erscheinungsform; DŌ ist die Gleichheit, die Essenz, die Leerheit. KAI ist mehr als bloße Synthese, es ist die Verschmelzung, die Vermengung, das Sich-gegenseitig-Durchdringen. Die Harmonie mit der kosmischen Ordnung.

Wie kann man KAI finden? KAI ist im *Sandōkai* und im *Hōkyō zanmai* gelöst. Wenn wir diese Texte lesen und wahrhaft verstehen, können wir KAI, den normalen Zustand des Bewusstseins, verwirklichen.

Wie kann man das höchste, ursprüngliche Bewusstsein des menschlichen Wesens verwirklichen?

Wie kann man die gegenwärtige Krise unserer Zivilisation, die von den Widersprüchen zerrissen ist, lösen?

Taisen Deshimaru

Einleitung

Hōkyō zanmai bedeutet: Der Samādhi des Schatzspiegels. *Samādhi* ist die Konzentration und hat hier den Sinn: die Konzentration beim Zazen. Das *Hōkyō zanmai* war bis jetzt geheim und ist ein ganz wesentlicher Text. Man muss diesen Text kennen, wenn man Mönch des Sōtō-Zen werden möchte, und ihn vollständig verstehen, um Zen-Meister zu werden. *Der Samādhi des Schatzspiegels* ist der Gesang von der Konzentration beim Zazen. Das *Hōkyō zanmai* wie auch das *Sandōkai* und das *Hannya shingyō* werden in den Tempeln des Sōtō-Zen jeden Morgen von den Mönchen rezitiert. Man nennt diese drei Sūtras die geheime Essenz des Sōtō-Zen. Diese Sūtras sind sehr schwer zu verstehen: Selbst die meisten der Mönche, die sie jeden Morgen rezitieren, können sie nicht in tiefer Weise begreifen; und so geht es auch den Lehrern. Ein Gedicht oder ein Gesang, und vor allem solch ein alter Text, lässt sich sehr schwer allein von der Grammatik her oder durch einfaches Lesen erklären. Das Denken Tōzans, der den Geist des Zen erklären wollte, ist durch die Schriftzeichen eingeschränkt worden. Das gleiche geschieht heute mit dem Geist des Meisters; wir müssen hinter seine Worte blicken, tief graben, um auf den Grund des Geistes zu gelangen. Das erreichen wir durch unsere Zazen-Übung. Meister Tōzan Ryōkai (chin. Dongshan Langjie) wurde im Jahr 807 in China westlich des Flusses Yanbo geboren. Er war der elfte Vorfahre seit Bodhidharma. Sein Meister in der Nachfolge Buddhas war Ungan Donjō (Yunyan Tansheng, 782-841). Aus welchem Grund hat er das *Hōkyō zanmai* geschrieben? Das ist folgendem Zufall zu verdanken:

Während einer seiner Reisen überquerte er eines Tages eine Brücke. Er schaute ins fließende Wasser und verfasste folgendes Gedicht:

Sucht nicht den WEG bei den anderen
An einem entfernten Ort.
Der Weg ist unter unseren Füßen.

Jetzt gehe ich allein...
Aber ich kann ihm überall begegnen;
Sicherlich ist er jetzt ich,
Doch jetzt bin ich nicht er.
Was mir daher auch begegnen mag,
Ich kann die wahre Freiheit erlangen.

Dieses Gedicht hat als Grundlage für das *Hōkyō zanmai* und insbesondere für den zehnten Vers gedient und ist so zur Quelle dieses Gesangs geworden.

In den Schriften des Zen finden wir folgende Geschichte über den Tod Tōzans: Er starb ziemlich früh, mit 63 Jahren. Genau vor seinem Tod hat er sich den Kopf geschoren, sein schönstes Kesa angelegt und seinen Schülern aufgetragen, die größte der äußeren Glocken zu läuten; er starb, während er dem Läuten zuhörte. Da begannen seine Schüler zu weinen. So richtete sich Tōzan wieder auf und sagte zu ihnen: »Meine lieben Schüler, warum beweint ihr mich? Ihr dürft nicht am Körper und am Geist haften. Das ist die wahre Übung des Zen-Mönchs. Warum seid ihr so traurig?«

Er blieb noch eine Woche bei ihnen und starb am 8. März nach seinem Bad in der Zazen-Haltung. Obwohl sein Herz stillstand und er aufgehört hatte zu atmen, fiel seine Haltung doch nicht in sich zusammen.

Unter den alten Kommentaren zum *Hōkyō zanmai* ist nur ein einziger richtig und tief: das *Hōkyō zanmai suisho* von Meister Menzan. Dieser wurde 1683 in Kyūshū geboren und ist 1769 gestorben. Von seinem 60. Lebensjahr an hat er sich nur noch den Schriften und Kommentaren der Haupttexte des Sōtō-Zen gewidmet.

In heutiger Zeit hatte nur Kōdō Sawaki umfassende Kenntnis der Kommentare dieses Meisters. Seine Abhandlungen haben die Kommentare Meister Menzans und dessen erhabene Übung des Zazen zur Grundlage. Meine Kommentare stützen sich auf diejenigen von Kōdō Sawaki, auf seine zahlreichen Notizbücher und auf die Originalwerke Menzans.

Die Kommentare Meister Menzans sind kurz und in Form von Gedichten geschrieben. Auch Dōgen hat die Gedichtform benutzt, insbesondere im *Eihei kōroku*, einem Teil seiner Kusen (mündlichen Unterweisungen) im Dōjō. Die Kusen wurden später von seinen Schülern niedergeschrieben. Meister Menzan stützt sich in seinen Kommentaren auf diejenigen von Meister Wanshi. So steht mein Kusen hinsichtlich seiner Herkunft in folgender Reihe:

Tōzan (807-869)
Wanshi (?-1157)
Dōgen (1200-1253)
Menzan (1683-1769)
Kōdō Sawaki (1880-1965)
Taisen Deshimaru.

Bodhidharma.

廓然無聖

恭仙筆

Ohne Irrtum,
Ohne Zweifel,
So ist der Dharma.
Der Buddha und die Meister,
Die seine Lehre weitergaben,
Haben nicht darüber gesprochen.
Jetzt könnt ihr ihn erlangen.
Deshalb bitte ich euch,
Bewahrt ihn unversehrt.

Zanmai –
Samādhi.

Dieses Verse handeln vom Dharma, von der Lehre des Buddha, der kosmischen Wahrheit, dem »Gesetz«. Der absolute Dharma, der ohne Irrtum ist, ist Zazen. Der Buddha und alle Meister in seiner Nachfolge haben diesen Dharma schweigend weitergegeben. Sūtras, Kōan, Vorträge und Worte sind Hilfsmittel, aber schließlich ist nichts Derartiges vonnöten. Der Geist des Schülers und der Geist des Meisters müssen miteinander verbunden und in Harmonie sein. Das Bewusstsein beider verschmilzt.

Jeden Tag verbinden sich
Mein Geist und dein Geist,
So auch mein Bewusstsein
Und dein Bewusstsein.
Sie vergessen nicht.
Sie sind unbegrenzt.
Tag für Tag
Spiegelt sich einer im anderen:
Mein Bewusstsein und dein Bewusstsein,
Mein Geist und dein Geist.

So ist die Unterweisung des Schülers durch den Meister: ohne Ende, ewig.

In den Sūtras spricht der Zen-Mönch in einer Sprache ohne Knochen. Das bedeutet, dass er in alle Richtungen sprechen und die Gegensätze umfassen muss. Deshalb steht im *Shinjinmei*:

Der Glaube ist ohne Zweiheit,
Die Nicht-Zweiheit ist der Glaube.

Meister Tōzan stieß auf seinem Weg durch die Berge auf einen Einsiedler, der in einer kleinen Hütte lebte. Er fragte ihn nach dem Grund für sein Leben in der Einsamkeit. Der Einsiedler antwortete:

»Einst habe ich zwei Kühe gesehen, die miteinander kämpften. Sie sind ins Meer gegangen und dort verschwunden: Beide sind ertrunken.«

Es darf keine Gegensätze, keine Zweiheit in unserem Leben geben.

Die Vorträge Buddhas, die Sūtras und die Kōan sprechen vom Dharma, aber im Grunde gibt es nur eine letzte Wahrheit: Zazen. Es gibt Menschen, die nicht Zazen üben, jedoch über Zen und Buddhismus diskutieren. Sie gleichen der Katze, die mit einem wertvollen Stein spielt oder dem Baby, das sich mit einer Uhr vergnügt. Wenn es uns gelingt, beim Zazen die Stützbalken der Handwerker zu entfernen, können wir das Gebälk des fertigen Hauses sehen. Dies ist der Samādhi des *Hōkyō*

Zanmai, der SCHATZSPIEGEL, das Geheimnis des Zen, die Essenz der Buddhalehre.

Wir müssen Zazen hier und jetzt üben...

Als Meister Dōgen aus China zurückgekehrt war, gründete er ein Dōjō in Uji, im Tempel Kōshō, und er sagte:»Ich bin ohne irgendetwas, mit leeren Händen nach Japan zurückgekommen. Was die Buddhalehre betrifft, so habe ich nichts mitgebracht.« Und er schloss mit dem berühmten Satz:

»Ein Mal in vier Jahren, am unvergleichlichen Morgen des zweiten Monats, hat der Hahn gekräht.«

Der weiße Schnee
Bedeckt die Schale aus Silber.
Das Licht des Mondes
Umhüllt den weißen Reiher.
Sie sind sich nah,
Doch nicht identisch.
Sie sind innig vereint,
Doch jedes versteht seinen eigenen Zustand.

Der weiße Schnee
Bedeckt die Schale aus Silber.

In diesem zweiten Teil erklärt Meister Tōzan in tiefer Weise den Dharma. Der Schnee, die Schale aus Silber, der weiße Reiher und das Licht des Mondes sind vier verschiedene Arten von Weiß. Man kann sie nicht vermengen. Das Weiß des Schnees und das des Silbers, des Reihers und des Mondes sind verschieden. Im *Sanshōdōei* schrieb Meister Dōgen folgendes Gedicht:

Der Schnee
Fällt auf die rotgelben Blätter.
Der lange Monat des Herbstes.
Wer vermag
Dieses Bild mit Worten zu beschreiben?

Nicht nur der Schnee und die rotgelben Blätter für sich sind schön, der Schnee und die rotgelben Blätter zusammen sind es ebenso. Der weiße Schnee ist Wahrheit, Essenz (*kū*), die rotgelben Blätter sind Erscheinungsformen, Unterscheidungen (*shiki*). Die Namen sind nur Pseudonyme: Schnee, Reiher, das Licht des Mondes – das ist nicht die Essenz. Doch gerade weil wir zu dieser Essenz gelangen müssen, müssen wir die Erscheinungsformen finden.

Ihr baut ständig Gegensätze auf: »Wenn ein gewisser Soundso ein guter Mensch sein soll, dann bin ich keiner. Wenn ich gut sein soll, dann kann er es nicht sein, dann irrt er sich! Denn er und ich, wir sind beide nur gewöhnliche Leute.« Der Kampf beginnt mit dem Unterscheiden, jedoch in Kū gibt es keine Unterschiede mehr.

Das Bewusstsein
Ist nicht Sprache.
Es passt sich
Den Gegebenheiten an.

GEIST
kann man nicht erfassen.

Diese Verse erklären den Unterschied zwischen dem Bewusstsein und der Sprache. Unser Bewusstsein unterscheidet sich von unserer Sprache und von der Art, wie wir uns ausdrücken. Wenn wir eine Tasse Kaffee trinken oder Kuchen essen wollen, geben wir dem Kellner unseren Wunsch zu verstehen. Der Kellner macht dann sozusagen keinen Fehler, und so reichen die Worte aus. Sagt man jedoch im Zen: »Lasst uns Tee trinken«, so kann dies auch ein Kōan sein und eine tiefe Bedeutung in sich tragen. Wenn uns in einem Zen-Tempel der Meister bittet Platz zu nehmen, so kann dieses »Setzt euch!« des Meisters allein schon ein Kōan sein.

Ein weiteres Beispiel: Das »katsu« der Zen-Meister hat sehr wenig mit dem Krähen der Raben zu tun. (Beim Mondō in den Zen-Tempeln sagt der Meister manchmal »katsu« oder »tō«, »Schweigen«.)

Im Zen bildet sich eine wahre, genaue und einfache Sprache heraus. Diese Sprache gleicht den Lauten im Tempel: dem Klang der Glocke zum Aufwecken, des Holzes zum Herbeirufen, der Schlaghölzer, des Holzfischs (mokugyo), des Gongs, der Trommeln, die zum samu (zur Arbeit) rufen, des Metallgongs der Küche. Man schafft Klänge, und manchmal kann diese Sprache auch ein Gedicht oder ein Gesang sein. So werden einige Sūtras zu Gedichten, wie das Shinjinmei, das Hōkyō zanmai und das Shōdōka, jedoch die wahre Essenz des Geistes lässt sich nicht mit Worten ausdrücken. Die Stummen können nicht sprechen, und dennoch können sie in tiefer Weise ihr Bewusstsein und ihren Geist erklären; wenn nötig, benutzen sie Gesten. Auch im Zen findet man viele Gesten.

Was ist Zen? Ein Schnippen mit den Fingern!

Die japanischen Haiku sind nicht eigentlich Gedichte, sondern Zen-Worte, kurze Lehrsprüche. In einer europäischen Sprache erweist es sich als unmöglich, die Natur oder die Jahreszeit im Rhythmus von 5 - 7 - 5 Silben zum Ausdruck zu bringen. Zum Beispiel das folgende:

Ein alter Teich –
Ein Frosch springt ins Wasser –
Platsch!

Dieses Gedicht Bashos umfasst in seiner Tiefe nur drei Sätze. Als Basho einen alten Tempel besuchte, war er von der tiefen Ruhe dort sehr beeindruckt:

Eine abgestandene Pfütze,
Der Wald,
Das Zazen der Mönche im Dōjō.
Und plötzlich,
An diesem friedvollen Frühlingsnachmittag,
Springt ein Frosch ins Wasser.
Platsch!

Das Platschen des Wassers durchbrach die Unbeweglichkeit der Atmosphäre.

Nachdem der Frosch untergetaucht war, war alles wieder vollkommene Ruhe!

Die tiefe Bedeutung dieses Haiku ist die vollkommene Stille.

Wenn wir vom täglichen Leben völlig in Anspruch genommen werden, können wir weder die Geräusche noch die tiefe Stille wahrhaft fühlen.

Doch in der Übung des Zen können wir die wahre Stille erfahren.

Diese Zen-Gedichte erreichen eine große Tiefe. Als Material des Unbewussten tauchen diese authentischen Sätze aus dem auf, was unserem Leben und unserem Tod vorausgeht, sie kommen aus unserem Sarg, von dem, was früher als die Materie und früher als der Geist war, sie schließen den ganzen grenzenlosen, unendlichen und ewigen Kosmos in sich ein. Das Schweigen ist alles, und es kommt automatisch, natürlich und unbewusst.

Nach dem Zazen
Verbrenne ich etwas Weihrauch
An einem Frühlingsabend.

Wie man auch in der Sumi'e-Malerei die leeren Zwischenräume verstehen muss, so muss in einem Gespräch auch die Stille enthalten sein.

Spuren von Schritten
Auf dem Sandstrand.
Der Tag im Frühjahr ist lang.

Ein zu sehr ausgeschmücktes Zimmer wirkt schwer, während ein nüchternes Zimmer ein Zeichen der reinen Schönheit ist. So muss man sich im Haiku, wie auch in den Antworten beim Mondō, kurz ausdrücken. Manchmal bestehen meine Antworten beim Mondō nur aus einem einzigen Wort: »Nein!«, »Einverstanden!«, und manchmal gebe ich lange Erklärungen. Ein Meister kann genauso mit dem »*katsu*« antworten wie mit den Händen, indem er eine Ohrfeige gibt. Doch in jedem Fall ist die Bedeutung der Antwort sehr tief.

Hier noch ein weiteres Haiku von Basho:

Stille.
Der Gesang der Zikade
Durchdringt den Felsen.

Das ist der Geschmack des Zen. Wenn ihr nur die Worte berücksichtigt, stellt ein Haiku nicht viel dar.

Ruhe.
Ein Blatt des Kastanienbaums fällt
In das klare Wasser.

Wir müssen hinter die Worte dringen. Es heißt im *Shōbōgenzō Zazenshin*:

tori tonde tori no gotoshi

Der Vogel fliegt am Himmel –
Er besitzt die Freiheit des Wahren Vogels.

4

Durch die Worte verwirrt,
Stürzt ihr in den Abgrund,
Im Zerwürfnis mit den Worten
Gelangt ihr in die Sackgasse des Zweifels.

Die Kiefer pflanzen:
Die Erziehung des Schülers.

Den Schüler, dem es an Tiefe fehlt, berühren nur die Worte des Meisters. In gleicher Weise kann auch der Meister, der zu sehr an seinem Schüler zweifelt, diesen nicht erziehen. Wir müssen das, was über die Worte hinausgeht, verstehen. Dies lehrt uns der vierte Teil: mithilfe der Worte verstehen, was das Bewusstsein ist. Wichtig ist, was man sagen will, und nicht nur, was man sagt. Die meisten Menschen sind Sklaven der Worte und lassen sich von ihnen gefangen nehmen.

Die Antworten des Meisters beim Mondō sind keine Antworten wie bei einem Examen. Der Meister muss vollkommenen Einblick in den Schüler bekommen; er muss den Zustand seines Bewusstseins durch den Glanz seiner Augen und die Farbe seines Gesichts erkennen und intuitiv verstehen... Wenn wir durch die Worte verwirrt sind, können wir nicht den wirklichen Bewusstseinszustand, der hinter ihnen verborgen liegt, sehen, und wir stürzen in einen Abgrund. Wenn wir an diesen Worten zweifeln, geraten wir in die Sackgasse der Skepsis. Das Mondō erhält seine wesentliche Bedeutung aus der Anwendung dieser Punkte.

Das Bewusstsein unseres Gesprächspartners begreifen... Ist der Meister durch die Worte des Schülers verwirrt, kann er weder dessen Willen noch dessen Bewusstsein verstehen. In einer Unterhaltung müssen wir das Denken unseres Gesprächspartners erfassen, in seinem Gehirn lesen, ohne von den Worten beeinflusst zu werden. Der Zen-Meister versteht vom ersten Wort an und durch den Klang der Stimme. Die Sprache selbst ist nicht so wichtig. Manche Menschen bedienen sich ausschließlich der Sprache der Diplomatie. Sie entschuldigen sich und entschuldigen sich... und ihr wahres Denken entrinnt ihnen.

Sprache kann zu leeren Diskussionen werden. Deshalb hat der Zen-Meister immer einen Stock!

Keine Spuren durch die Sprache hinterlassen.

Das Schweigen ist von allem das Beste.

5

Sich ihm widersetzen,
Ihn berühren –
Das eine ist so wertlos
Wie das andere;
Er ist wie eine Feuerkugel.

Sich ihm widersetzen,
Ihn berühren –
Das eine ist so wertlos
Wie das andere.

Wenn wir eine Katze anfassen oder fangen wollen, wird sie fliehen. Wenn wir sie dagegen hassen und verabscheuen, wird sie
ebenso fliehen. »Das eine ist so wertlos wie das andere.«

Gleichermaßen: Die Frau, die zu sehr geliebt wird, entflieht... Zu wenig geliebt, entflieht sie auch!

Dies ist ein Problem des Bewusstseins, eines, das im Inneren unseres Geistes besteht. Es ist das Problem der Feuerkugel: Wenn man sie berührt, verbrennt man sich, wenn man sich von ihr entfernt, spendet sie nicht mehr genug Wärme.

Das Bewusstsein beim Zazen ist ein wesentlicher und schwieriger Punkt.

Was versteht man unter dem Zustand, den man *Hishiryō* nennt? Was ist die wahre Konzentration?

Ich wiederhole immer wieder: »Mushotoku… unbewusst, natürlich, automatisch.«

Ob rechts oder links – es ist schwer, sich zu entscheiden. Etwas mit Kategorien zu begrenzen, etwas in sie einzuschließen, bedeutet gleichzeitig, in Widersprüche zu verfallen. Man darf weder nach dem Satori suchen noch die Illusionen abschneiden wollen. Alles muss natürlich, automatisch und unbewusst vor sich gehen. Wenn man Zazen übt, kann man diesen Bewusstseinszustand erreichen.

Worauf verweist uns das »er« des Textes? Auf den Dharma. Der Dharma ist eine Feuerkugel, die Wahrheit, der Samādhi des kostbaren Spiegels: Zazen, Satori. Deshalb dürfen wir weder vor dem Satori fliehen noch es berühren. Wir dürfen uns nicht verirren. Das gilt nicht nur für das Satori, sondern für alle Dinge des Lebens.

Was ist der Weg der Mitte? Was ist gleichermaßen das Geheimnis des Budō, der japanischen Kampfkünste?

Für alle Dinge gilt:
Man darf ihnen weder nachlaufen
Noch ihnen zu entfliehen suchen.

Der große Widerspruch in den Kampfkünsten Japans besteht darin, während der Übung nicht im geringsten an Sieg oder Niederlage zu denken; und dies ist zugleich ihr Geheimnis.

Es ist nicht leicht, sich mit einfachen Worten auszudrücken, zu verstehen und eine richtige Antwort zu geben.

In einem japanischen Comic fand ich einmal folgende Geschichte: Eines Abends besucht ein Mann seinen Freund. An der Tür empfängt ihn der Freund mit den Worten:

»Ah! Du bist es, Yoshiko.«

Der Mann erwidert: »Warum nennst du mich Yoshiko?«

Sogleich entgegnete der andere: »Wenn du nicht Yoshiko bist – vielleicht bist du Kushiko?«

Schweigen.

»Nun, wer bist du?«

»Ich bin ich«, antwortete sein Freund.

Weder die Vergangenheit noch die Zukunft darf unsere Gedanken beeinflussen, denn dies entbehrt jeder Nützlichkeit. Ihr denkt »hier und jetzt«. »Hier und jetzt« ist eure Freiheit.

Dies ist der PUNKT DER MITTE.

»Es berühren…« Wenn ein Mann eine Frau zu offen und zu unvermittelt begehrt, wird sie entfliehen.

Weder berühren noch nicht berühren: Die wahre Liebe ist nicht so einfach.

Hat man beim Zazen zu viele Gedanken oder ist man schläfrig, so ist beides nicht korrekt. Wie soll man sich also verhalten? Die Gedanken dürfen nicht aus dem persönlichen Bewusstsein kommen, sie müssen vielmehr ganz einfach unbewußt, natürlich und automatisch sein. Will man das Satori, die Wahrheit, erlangen: Die Feuerkugel kommt zu nah und verursacht Verbrennungen! Will man vor dem Satori fliehen: Es wird kalt. Der WEG DER MITTE – weder rechts noch links – ist ein schwieriger Weg und setzt voraus, jegliche sich widersprechenden Vorstellungen aufzugeben.

Im Folgenden möchte ich die Geschichte von Tokujō, dem Fährmann, und seinem Schüler Kassan erzählen. Zwanzig Jahre lang folgte Tokujō der Erziehung Meister Tōsens und übte mit ihm Zazen. Bevor er starb, gab ihm Tōsen Shisho, die Beglaubigung der Nachfolge. Danach wurde Tokujō Fährmann und wartete 30 Jahre lang auf den wahren Schüler. Im Gedicht heißt es:

Er wollte einen großen Fisch fangen,
Doch es schwamm kein einziger Fisch
In diesem zu klaren Wasser.

Um sich Angelruten herzustellen, hatte er bereits alles Bambusrohr des Waldes geschnitten und wollte eines Tages gerade neues anpflanzen, als ein Mann namens Kassan am Fluss erschien. Tokujō begriff sogleich, dass dieser Mann »der« große Fisch war.

»Woher kommst du?«

»Von nirgendwo.«

»Wer hat dich ausgebildet?«

»Zazen.«

Daraufhin führten beide ein sehr bedeutendes Mondō. Tokujō wollte diesen neuen Schüler gründlich kennen lernen, und als Antwort auf die Worte Kassans warf ihn Tokujō jedes Mal ins Wasser.

»Selbst wenn deine Worte genau sind, sind sie doch nicht richtig. Das ist so, als ob du einen Esel verprügelst.«

Und schon beförderte ihn Tokujō mit einem Fußtritt ins Wasser. Wenn Kassan wieder den Mund auftun wollte, herrschte Tokujō ihn an:

»Ich will nicht mit dir diskutieren!«

Und platsch … warf er ihn wieder ins Wasser.

Kassan hatte ein großes Satori. Da holte Tokujō ihn aus dem Wasser und nahm behutsam seine Hand:

»Seit 30 Jahren wartete ich auf diesen Augenblick! Heute hat ein großer Fisch angebissen! Mein Fischen ist nun also zu Ende.«

Tokujō übertrug Kassan das Shisho und gab ihm sein Kesa. Daraufhin kippte die Fähre plötzlich um und erschlug Tokujō.

Diese Geschichten von der Weitergabe der Lehre sind immer etwas sonderbar.

In der Folgezeit wurde Kassan, der große Fisch, ein sehr großer Zen-Meister.

Welche Bedeutung steckt hinter dieser Geschichte?

Wozu in einer komplizierten Sprache antworten? Ein einziges Wort oder eine Geste genügen. Man muss antworten, aber ohne sich der Sprache zu bedienen. Denn selbst wenn eure Antwort mit der Frage übereinstimmt, wird sie nicht richtig sein. Und ebenso, wenn sie nicht auf die Frage passt…

Kassan wurde ins Wasser geworfen. Er hat »Wasser geschluckt«. Er hat sein eigenes Wesen verstanden. Satori. Und der tote Meister ist auf den Grund des Flusses gesunken.

Zazen selbst ist die Feuerkugel des *Hōkyō zanmai*. Dies kann man nicht mit der Sprache erklären. Es ist das *ishin denshin* von Tokujō zu Kassan: von meiner Seele zu deiner Seele, von meinem Herzen zu deinem Herzen.

6

Drückt ihr euch
In verzierter Sprache aus,
So entstammt dies
Dem Reich der Befleckungen.

自莫立

規矩

Erschafft euch
keine Kategorien.

Mit seinem persönlichen, subjektiven Bewusstsein zu denken, ist Bonnō, Illusion. Unbewusst, natürlich, automatisch zu denken (die Gedanken steigen aus dem Unterbewussten auf), ist ebenso trügerisch. Doch diese Gedanken gehören in den Bereich von Hishiryō. Beim Zazen denken wir manchmal von uns selbst heraus, Illusionen steigen auf, und manchmal sind wir ganz frei von jeglichen Gedanken.

Sein ganzes Leben hindurch war Tokujō auf seiner Fähre einer großen Zahl von Menschen begegnet, und viele hatten an seiner Angel aus Bambus angebissen. Jedoch getrieben von ihren Illusionen, hatten sie die Angelrute zerbrochen, als sie sich vom Haken losreißen wollten. So war Tokujō unermüdlich in den Wald zurückgekehrt, um neue Bambusrohre zu schneiden. Und eines Tages tauchte Kassan am Ufer auf, biss am Haken an, und es entstand ein großes Mondō. Trotz ihrer scheinbaren Genauigkeit konnten die Antworten Kassans nicht richtig sein. Deshalb mussten sie aus seinen Eingeweiden, aus seinem tiefsten Inneren hervorbrechen. Solcherart sind die Antworten im Zen.

In der Mathematik kann die Null kein Zahlensystem hervorbringen, während jede andere Zahl als Grundlage für ein solches System gewählt werden kann, wie etwa die Zehn für das Dezimalsystem. Jeglicher Vektor ungleich Null kann eine Vektorgerade erzeugen, während der Vektor Null keinen anderen Raum als den, der den Nullvektor enthält, schaffen kann. Jedoch im Buddhismus, wie wir besonders dem *Shinjinmei* entnehmen können, ist die Eins gleich dem Ganzen, und die Voraussetzungen werden Null. Das entspricht wiederum dem *shiki soku ze ku – ku soku ze shiki* des *Hannya shingyō*. »Form ist gleich Leerheit – Leerheit ist nichts anderes als Form.« Und im *Shinjinmei* liest man: »*Issai soku* – die Eins ist gleich dem Ganzen, und das Ganze ist gleich der Eins.«

Alles ist nichts. Nichts ist alles.
Das Dasein ist Mu, nichts.
Das Nichts ist das Dasein.
Buddha ist ein gewöhnlicher Mensch.
Der gewöhnliche Mensch ist Buddha.

Es gibt keine Trennung:

Gott, das seid ihr.
Ihr selbst seid Gott.

Es gibt keine Verschiedenheit:

shin jin fu ni

Der Glaube ist Nicht-Zweiheit.
Die Nicht-Zweiheit ist der Glaube.

Der Glaube in alle Dinge ist von großer Bedeutung. Wenn kein Zweifel mehr im persönlichen Bewusstsein auftaucht, verschwindet es. Dann werden wir, ausgehend vom kosmischen Bewusstsein, im täglichen Leben alles tun können. Unser Tun im täglichen Leben selbst wird zu Satori. Es gibt keinen Gegensatz und keine Trennung zwischen Alltag und Satori.

7

Um Mitternacht
Hell und klar,
In der Morgendämmerung
Dunkel und verborgen.

Um Mitternacht hell und klar,
In der Morgendämmerung dunkel und verborgen.

Dieser siebente Teil ist ein Kōan und der eigentliche Kern des *Hōkyō zanmai*.

> *Verlust wird Gewinn.*
> *Gewinn wird Verlust.*

> *

> *Glück verwandelt sich in Unglück.*
> *Unglück verwandelt sich in Glück.*

> *

> *Erlangt ihr das eine, verliert ihr das andere.*
> *Verliert ihr dieses, erhaltet ihr jenes.*

Im *Sandōkai* finden wir:

> *Im Licht ist die Dunkelheit.*
> *In der Dunkelheit ist das Licht.*
> *Schaut nicht nur auf die dunkle Seite.*
> *Beide hängen voneinander ab*
> *Wie dieser Schritt von dem, der vorausging.*

Darin liegt ein Widerspruch. Doch wer den WEG sucht, darf vor Widersprüchen keine Angst haben.

Das Kusen, die mündliche Unterweisung des Meisters beim Zazen, ist sehr wirkungsvoll, weil die Schüler sich in der Zazen-Haltung befinden: Ihr Bewusstsein folgt der kosmischen Ordnung und gelangt damit in den Zustand von Hishiryō, dem Denken ohne Denken. So kommt auch das Verständnis nicht aus dem persönlichen Bewusstsein. Nicht das Großhirn speichert dann, sondern der Thalamus. Die Unterweisung beim

Zazen dringt dort unbewusst, natürlich und automatisch ein. Selbst wenn man sich nicht mehr an mein Kusen erinnern kann, werden die Worte zu Karma-Samen. Vielleicht in zehn oder fünfzehn Jahren oder selbst in der Stunde des Todes kann sich dieses Karma zeigen.

Um Mitternacht
Hell und klar,
In der Morgendämmerung
Dunkel und verborgen.

Mein Meister mochte diesen Satz sehr und hob immer wieder seine überaus große Bedeutung hervor. Kōdō Sawaki hatte vor 30 oder 40 Jahren ein großes Dōjō im Tempel Daikyū eröffnet, unweit von Tōkyō in den Bergen gelegen. Jeden Monat leitete er dort acht Tage lang ein Sesshin. Zu jener Zeit hatte Kōdō Sawaki etwa mein Alter. Am Morgen stand man dort früh auf, gegen drei Uhr. So lautete der Name des Dōjō in diesem Tempel Tengyō Dōjō – Dōjō der Morgendämmerung!

Unser persönliches Bewusstsein und unsere Illusionen hindern uns daran die kosmische Ordnung zu verstehen. Man kann das Zen-Leben weder mit dem allgemeinen Menschenverstand noch mit dem Intellekt verstehen.

Den Kosmos mit dem Daumen beschreiben –
Ein einziger erhobener Finger
Schließt den ganzen Kosmos in sich ein.

Wir müssen uns mit der kosmischen Ordnung harmonisieren. Wir selbst sind der Kosmos. Intellektuell ist dies schwer zu verstehen. Wenn wir den Kosmos begreifen, erscheint uns unser Erdball ruhig, obschon er ohne Unterlass in Bewegung ist.

Im alten China lebte vor langer Zeit ein Zen-Meister namens Kissu. Seine Unterweisung war sehr streng und sehr hart. Eines Tages kam ein Mann namens Hun, begleitet von einigen Freunden, zu ihm. Meister Kissu gestattete ihnen nicht, das Dōjō zu betreten: »Ihr dürft euch nicht ins Dōjō setzen!«

Erst eine Woche lang, dann einen Monat, übten sie draußen Zazen. Eines Tages kam Meister Kissu mit einem Eimer kalten Wassers heran, und mit voller Suppenkelle schöpfte er es ihnen auf den Kopf. Das verärgerte sie sehr, und sie beschlossen sich davonzumachen, denn sie dachten, dieser Meister sei gar dumm und völlig verrückt. Nur Hun blieb.

»Ich bin von weit her gekommen, mehr als 5.000 Kilometer bin ich gelaufen. Ich bin hier, um den WEG zu finden. Warum sollte ich wegen eines Bechers mit kaltem Wasser wieder abreisen? Warum sollte ich deswegen fliehen?«

Meister Kissu antwortete ihm: »Du bist ein sonderbarer Kerl! Du bist hierher gekommen, um den WEG zu suchen, welch ein Wunder! In der heutigen Zeit trifft man nicht mehr oft Menschen wie dich, die kommen, um den WEG zu suchen. Ich dachte, du wärst als Hippie hergekommen, doch du bist mutig!«

Hun blieb im Tempel und wurde im Lauf der Zeit Tenzo (Küchenchef). Die meisten Mönche waren sehr erschöpft, denn Meister Kissu zeigte sich sehr streng und hart gegenüber seinen Unsui (»Wolke und Wasser«, der Name für die Wandermönche). Viele waren offensichtlich unterernährt. Hun, der Tenzo, dachte, es sei doch während der Sesshin besonders wichtig, den Mönchen gut zu essen zu geben. Deshalb entwendete er eines Tages, als der Meister abwesend war, aus dessen Zimmer den Schlüssel für die Vorratskammer, nahm von den Nahrungsmitteln und bereitete sie für alle Schüler zu.

Meister Kissu kam genau zum Essen wieder, bei dessen Anblick er blau anlief vor Wut.

»Woher habt ihr dieses Essen?«

Sogleich ließ er den Tenzo in sein Zimmer rufen: »Wer hat dir das gegeben?«

Hun antwortete: »Verzeiht, Meister. In Eurer Abwesenheit habe ich den Schlüssel der Vorratskammer genommen. Ich habe das Essen herausgeholt und für alle Schüler zubereitet.«

Meister Kissu schrie ihn an: »Du bist nichts als ein Dieb! Verschwinde! Raus! Und dass ich dich nie mehr wiedersehe!«

Hun irrte fortan ständig in der Nähe des Tempels umher. Er wurde Bettler und bat immer wieder um die Erlaubnis zurückkehren zu dürfen: »Ich bitte Euch, Meister! Verzeiht mir! Erlaubt mir, den Tempel wieder zu betreten.«

Doch Meister Kissu öffnete immer noch nicht die Tür!

Daraufhin setzte sich Hun in den Garten des Tempels in Zazen.

Meister Kissu kam zu ihm und sagte: »Du kannst hier kein Zazen üben! Dieser Garten gehört zum Tempel. Für seine Benutzung musst du bezahlen. Das ist sehr teuer! Du musst mir viel Geld geben!«

So begann Hun aufs Neue zu betteln und überließ das ganze Geld Meister Kissu… Schließlich war er von den Strapazen völlig erschöpft. Nun sah ihn Meister Kissu lange und gründlich an und sagte dann zu ihm: »Jetzt ist es soweit, jetzt suchst du wirklich den Weg. Komm herein!«

Kissu gab ihm Shisho, und Hun wurde Godō (Aufseher) des Dōjō. Hun kannte das Geheimnis des Sōtō-Zen. Er hatte die Widersprüchlichkeit der Unterweisung des Meisters verstanden.

Diejenigen, die den Weg suchen, werden seiner nie überdrüssig und geben nie auf. Sie sind hart und stark. Sie folgen nur einem einzigen Licht. Ihr Körper kann ermüden, jedoch ihr Geist behält all seine Kraft, wenn er der kosmischen Ordnung folgt. Die Widersprüche schließen alle Dinge in sich ein; man muss sie aufgeben, darüber hinausgehen! Wenn wir die Widersprüche nicht umfassen können, schrumpft unsere Persönlichkeit. So ist die wahre Erziehung des Sōtō-Zen. Der Meister versteht alles, er betrachtet den Geist seines Schülers. Wenn der Schüler Vertrauen hat, verschwinden die Trennungslinien, die Dualität, die Verschiedenheit und die Gegensätze, und an ihre Stelle tritt die Einheit von Meister und Schüler.

Der Meister ist der Meister,
Der Schüler ist der Schüler.
Doch der Meister ist auch der Schüler,
Der Schüler ist ebenso der Meister.

Die grundlegenden Prinzipien der Logik des Zen sind gänzlich verschieden von denen der Dialektik, die die abendländische Philosophie von Platon bis zu Hegel und Marx bestimmt hat. Man nennt sie *go-i*, die Fünf Prinzipien. Sie fügen zwei Begriffe in fünf Schritten zusammen. Der Buchstabe A sei hier für den ersten Begriff gesetzt: die Erscheinungsformen (*shiki*), die Vorstellung vom Schiefen und vom Unterschied; B soll für den zweiten Begriff stehen: die Essenz oder die Leerheit (*kū*), die Vorstellung vom Geraden und von der Gleichheit.

So erhält man nacheinander:

(1) A dringt ein in B.

(2) B dringt ein in A.

(3) B ist B.

(4) A ist A.

(5) A und B durchdringen sich gegenseitig.

Das fünfte Prinzip fasst die anderen vier zusammen, umspannt sie und geht über sie hinaus.

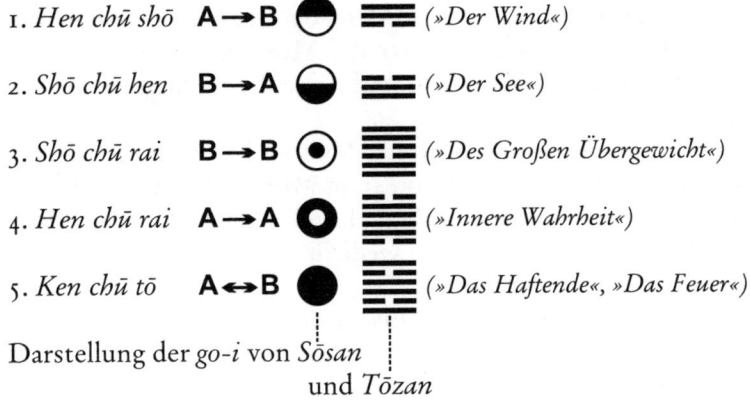

1. *Hen chū shō* **A → B** (»*Der Wind*«)

2. *Shō chū hen* **B → A** (»*Der See*«)

3. *Shō chū rai* **B → B** (»*Des Großen Übergewicht*«)

4. *Hen chū rai* **A → A** (»*Innere Wahrheit*«)

5. *Ken chū tō* **A ↔ B** (»*Das Haftende*«, »*Das Feuer*«)

Darstellung der *go-i* von *Sōsan* und *Tōzan*

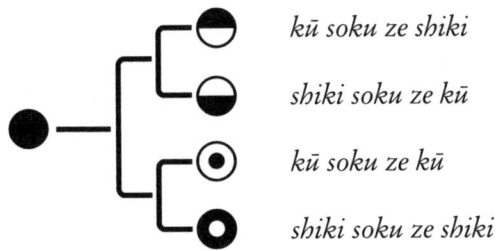

kū soku ze shiki

shiki soku ze kū

kū soku ze kū

shiki soku ze shiki

Die Beziehungen der *go-i* untereinander

Die *go-i* stellen einen Schlüssel dar, mit dem man den tiefen Sinn der traditionellen Zen-Texte erfassen kann.

So findet man zum Beispiel im *Sandōkai*:

Im Licht ist die Dunkelheit.
In der Dunkelheit ist das Licht.

Doch die Dunkelheit ist die Dunkelheit, und das Licht ist das Licht.

Oder man kann auch sagen: Die Illusionen werden zum Satori, das Satori wird zur Illusion; und wenn dem so ist, sind die Illusionen die Illusionen, und das Satori ist das Satori.

Das fünfte Prinzip, das die Gesamtheit der Beziehungen umfasst, ist Hishiryō.

Im täglichen Leben ist der Mann der Mann und die Frau die Frau, aber bei der Liebe dringt der Mann in die Frau ein, die Frau dringt in den Mann ein, und beide durchdringen einander in Einheit.

Eines Tages bat ein Mönch Meister Fuyō Dōkai: »Bitte, erklärt mir die Bedeutung von ›Um Mitternacht hell und klar, in der Morgendämmerung dunkel und verborgen‹.« Der Meister antwortete mit folgendem Gedicht:

Dieses Schiff, schon mit Waren gefüllt,
Man kann nicht
Noch den Mond draufladen.
Der Fischer lebt im dichten Schilfrohr.

Der Fischer ist der Fischer, jedoch im dichten, gedrängten Schilfrohr kann er den Tagesanbruch nicht klar erkennen. Das Schiff, obschon mit Waren vollgeladen, trägt dennoch den Mond und dessen Licht mit sich fort. Warum sollte man ihn mitnehmen wollen? Er ist schon auf natürliche Weise da, unbewusst. Es ist Mitternacht, der Mond scheint unbewusst und natürlich.

Der Fischer lebt in dunkler Umgebung. Wie könnte er durch den dunklen Vorhang der Schilfrohre hindurch die Sonne sehen?

Das Schiff fährt in der Nacht
Im Schein des Mondes,
In einer Rinne
Aus leuchtendem Silber.

Das Meer schimmert
Im Schein des Mondes,
Und die Landschaft ist eingetaucht
In Licht.

8

Er ist das Gesetz alles Seienden.
Gebraucht ihn, und ihr könnt
Alles Leiden und alle Schwierigkeiten
Überwinden.

形正影直

碧仙

Gerade Form – gerader Schatten.

»Er« bezieht sich auf den Dharma. Das *Hannya shingyō* beginnt mit den Worten: Als der Bodhisattva Avalokiteśvara, um sein wahres Wesen zu verstehen, die allerhöchste Weisheit übte und die fünf Skandhas betrachtete, verstand er mit tiefer Bewusstheit, dass die Bestandteile unseres Körpers und unseres Geistes Kū (Dasein ohne Numenon) sind. Derart überwand er alles Leiden und alle Schwierigkeiten.

Er sagte daraufhin zu Śaripūtra: »In dieser Welt ist die Erscheinungsform (*shiki*) die Leerheit (*kū*), und die Leerheit ist ebenso die Erscheinung.« So unterscheidet sich die Leerheit nicht von der Erscheinung, und die Erscheinung unterscheidet sich nicht von der Leerheit: Shiki ist Kū, Kū ist Shiki.

Wenn man den Gipfel eines Berges erreicht, der schwer zu bezwingen ist, mit schmerzenden Muskeln, vom Klettern wunden Fingern und in dem Wissen, beim folgenden Abstieg noch größere Risiken und Schwierigkeiten bewältigen zu müssen, so ist dies kein Genuss, doch man kann sagen: Freude. Ohne den Preis harter und mühseliger Arbeit bezahlen zu müssen, kann man allenfalls eine gewisse Behaglichkeit erreichen, aber nicht die Freude, diesen wunderbaren göttlichen Funken, der sie ist. Die Abwesenheit des Leidens versperrt den Zugang zur wahren Freude.

Die wilden Tiere haben es schwer, ihre Nahrung zu finden. In unserer Gesellschaft dagegen wandeln sich die Bestandteile des Glücks in falsches Glück. So wird das *shiki soku ze kū* nicht mehr wahrgenommen, und die Menschen blicken nicht mehr über die Erscheinungsformen hinaus. Wir müssen alles wirklich und in tiefer Weise verstehen. Durch dieses Verständnis können wir alles Leiden und alle Gegensätze abschneiden.

Mein Meister Kōdō Sawaki sagte immer:

Das wahre Satori ist mushotoku, es erstrebt keinen Nutzen.
Die Illusion ist Nutzen.
Das Satori ist das Satori.
Die Illusion ist die Illusion.
Mushotoku ist mushotoku.

Wenn unser Leben *mushotoku*, Satori wird, lernen wir das wahre Glück in Frieden und Freiheit kennen.

9

Obschon nicht willentlich geschaffen,
Ist er nicht ohne Sprache.

龍思墨堂

Hishiryō.

Er, der Dharma, kann zu Sprache werden, er kann sogar viel deutlicher sein als Sprache, denn er steht jenseits der begrifflichen Kategorien.

Man kann nicht erklären, was *Kū* ist. Man kann es nicht durch *Shiki* verdeutlichen. Durch die Sprache lasst sich erklären, was Shiki ist, doch Kū ist jenseits von Sprache. Shiki ist sichtbar, Kū ist unsichtbar und jenseits aller Kategorien. Wenn ihr begreift, wenn ihr die wahren Tatsachen begreift, erweist sich die Sprache als unnütz.

Schon im *Shinjinmei* findet sich dieser Gedanke:

Selbst wenn deine Worte genau
Und deine Gedanken recht sind,
Entsprechen sie doch nicht der Wahrheit.
Wenn du Sprache und Denken aufgibst,
Kannst du über alles hinausgehen.

Wenn wir vom Zucker nur sprechen, können wir seinen wahren Geschmack nie kennen lernen. Man muss davon kosten. Unter meinen Tuschzeichnungen findet sich immer wieder eine, die einen Kreis darstellt:

Den reinen Wind,
Den Mond voller Schönheit:
Man kann sie nicht zeichnen.

Zwischen Buddha und Buddha kann die Wahrheit nicht erklärt werden, sie steht jenseits aller Kategorien.

Im Bett ist zwischen Mann und Frau keine Sprache vonnöten.

Zen braucht keine Diplomatie. Es spielt sich ab von Seele zu Seele, *mitsu*, vertraut, tief und geheim.

Diese Verse bedeuten: Wir müssen im Zen das Unmögliche mit der Sprache erklären, das Unerklärliche durch Worte deutlich machen. Es ist schwierig, Zen mit der Sprache auszudrücken, und dennoch tut es der Meister. Und Buddha versteht die Worte Buddhas.

Der Weg der Schlange im Gras:
Nur die Schlange
Versteht ihn.

Das ist *ishin denshin* – von meiner Seele zu deiner Seele!

Meister Yōka, Autor des *Shōdōka*, war ursprünglich Tendai-Mönch. Nachdem er den Tendai-Buddhismus studiert hatte, sah er schließlich, dass man die wahre Buddhalehre *ishin denshin* von einem wahren Meister annimmt. So ging er zum Sechsten Vorfahren, Enō. Bei ihm angekommen, ließ er eine kleine Glocke, die ganz oben an seinem Mönchsstab befestigt war, klingeln und blieb vor Meister Enō stehen.

Enō gab ihm zu verstehen, dass sich ein Mönch korrekt zu verhalten habe und wie wichtig das sei.

»Warum stehst du da mit deinem Beutel auf den Schultern? Warum behältst du deinen Hut auf? Du verhältst dich wirklich nicht sehr vorschriftsmäßig!«

Yōka antwortete: »Alles vergeht schnell. Die Zeit drängt. Der Tod ist nah. Ich kann nicht lange warten. Ich muss jetzt mit Euch das Problem des Todes lösen.«

Meister Enō antwortete: »Unser Leben ist ewig. Wir müssen über den Tod und über die Unbeständigkeit hinausgehen. Warum tust du das nicht? Warum weißt du nichts von dem unveränderlichen Ewigen? Wir müssen beides verstehen. Doch du verstehst nur die Zeit, die schnell vergeht…!«

Doch Yōka war im Diskutieren geübt, und schließlich sagte Enō zu ihm: »*Nyoze, nyoze* – einverstanden, einverstanden!«

Und er gab Yōka die Beglaubigung, was diesen mit großer Freude erfüllte.

»Jetzt verstehe ich *ishin denshin*, und ich kann wieder nach Hause zurückkehren. Ich schulde Euch unendlichen Dank, Meister!«

Enō sagte zu ihm: »Bleib doch diese Nacht in meinem Tempel. Warum willst du so schnell wieder fortgehen?«

Also schlief Yōka diese Nacht im Tempel. Seitdem hatte er den Beinamen »Das Satori einer Nacht«.

Yōka war von der Antwort Enōs sehr beeindruckt. Diese Antwort beeinflusste das erste Gedicht des *Shōdōka*:

Lieber Freund, siehst du diesen Mann des WEGES,
Der aufgehört hat sich abzumühen
und der nichts mehr tut?

Dies bedeutet, dass der Mensch, der die Wahrheit sucht, im Zen seine Studien und bewussten Handlungen aufgibt. Er praktiziert nur Zazen, und wenn ihn jemand daraufhin anspricht, antwortet er, er habe viel Zeit. Er praktiziert Zazen. Er sitzt da, ohne sich zu bewegen.

Wir müssen zu *mu-i* vordringen, zu dem, was »darüber hinausgeht«, was ungekünstelt, unbewusst und natürlich ist. Einst frage Vimalakīrti den Mañjuśrī: »Was ist *mu-i*?« Mañjuśrī antwortete: »Der Buddha hat gesagt: ›Ein Kind ist *mu-i*. Das Reich von Hishiryō, der Bewusstseinszustand des Hishiryō, das Wesen von Hishiryō ist *mu-i*.‹«

Ein Schüler fragte Meister Yakusan: »Wie müssen wir beim Zazen denken?«

Meister Yakusan antwortete: »Wir müssen mit dem Nicht-Denken denken.«

Daraufhin fragte der Schüler weiter: »Wie können wir mit dem Nicht-Denken denken?«

Yakusan antwortete: »Hishiryō.«

Später benutzte Meister Dōgen dieses Wort in seinen Vorträgen. »Das Reich von Hishiryō ist das Reich des Buddha.« Vollkommenes Schweigen, Zazen.

»Er ist nicht ohne Sprache...« Gleichwohl muss es eine Sprache geben. Die hier gemeinte würde der der Babys oder der Stummen gleichen. Es ist die geheime Sprache des Buddha.

Jemand fragt: »Wessen Geburtstag ist das heute?« Man antwortet ihm: »Das ist der Geburtstag des Schwiegervaters der Frau des Schwiegersohns der Schwester... O nein, das ist heute nicht der Geburtstag von einem anderen! Heute hat mein Bruder Geburtstag.« Die Philosophie erstickt in den Kategorien!

Meister Meizan lehrt uns: »Die Melodie Bodhidharmas ist nicht die Musik einer Flöte mit fünf Löchern. Diese Melodie kommt vom blauen Himmel.«

Zen ist die Melodie Bodhidharmas. Sie kann nicht auf fünf oder fünfundzwanzig Tonlagen beschränkt werden. Sie kann ebensowenig in eine Partitur gezwängt werden. Sie ist in voller Freiheit am weiten blauen Himmel geschaffen worden. Es ist eine natürliche Musik, die ohne feste Vorstellungen auskommt, die über jeglichen Formalismus hinausgeht.

10

Wie wenn ihr euch im Spiegel betrachtet:
Form und Spiegelbild betrachten einander.
Ihr seid nicht das Bild,
Doch das Bild ist mit euch identisch.

Ō zanmai –
Der König des Samādhis.

Die Beziehungen, die der Kosmos mit dem Bewusstsein (der Weisheit) unterhält, sind die gleichen, die zwischen der Form und ihrem Abbild im Spiegel bestehen. Diese Weisheit wird in den japanischen Dōjō traditionellerweise durch eine Statue des Bodhisattva Mañjuśrī, der die Krone der Weisheit trägt, symbolisiert. Seine Krone besteht aus fünf Buddhas, welche die fünf Richtungen darstellen und den Kosmos repräsentieren:

(1) Im Zentrum *Dainichi Buddha*, der die Sonne, die innewohnende Weisheit und das »darüber hinausgehende« Bewusstsein symbolisiert.

(2) Im Osten *Ashuku Buddha*, der den Frieden, die Unbeweglichkeit, die Macht und die Kraft symbolisiert.

(3) Im Westen *Amida Buddha*, der das allumfassende Leben symbolisiert.

(4) Im Süden *Hōshō Buddha*, der die materiellen Schätze (Silber, Gold, Diamanten) und die geistigen Schätze symbolisiert.

(5) Im Norden endlich *Fuku Buddha*, der die Erscheinungsformen symbolisiert. Wenn wir in einem buddhistischen Wörterbuch die Zahl Fünf (*go*) nachschlagen, werden wir von der großen Anzahl von Bedeutungen und Anwendungen, die mit dieser Zahl zusammenhängen, überrascht sein. Wir finden dort die Finger der Hand, die *go-i*, die fünf Elemente (Holz, Feuer, Erde, Metall, Wasser) und die fünf schöpferischen Weisheiten:

(1) *Die Weisheit aus Hishiryō* oder Weisheit des Himmels.

(2) *Die Weisheit des Alaya-Bewusstseins* oder Weisheit des großen Spiegels.

(3) *Die Weisheit des Mana-Bewusstseins* oder Weisheit der Erscheinungswelt.

(4) *Die Weisheit des Beobachtens*, die es ermöglicht, alle Zweifel abzuschneiden.

(5) *Die Weisheit der Erde*, die an die fünf Sinne und an die Handlungen gebunden ist.

Die natürliche und unbewusste Quelle dieser Weisheiten ist die Zazen-Übung, die der Bodhisattva Mañjuśrī symbolisiert.

Jeder dieser Weisheiten entspricht eine trügerische Einstellung, ein falsches Verhalten, das es zu überwinden gilt:

(1) *Shinken*: Das Haften an Meinungen, die Unfähigkeit zu verstehen. Manche Menschen schließen aus der Tatsache, dass wir eine Lebensquelle in unserem Körper haben, auf die Existenz einer Seele (*ātman*), die nach unserem Tod weiterlebt. Buddha und nach ihm Nāgārjuna sagten aber, man könne weder die Existenz noch die Nicht-Existenz einer Seele voraussetzen.

(2) *Enken*: Extreme Meinungen. Zum Beispiel der Glaube an ein ewiges Leben nach dem Tod oder der Glaube, dass es nach dem Tod nichts mehr gäbe. Dies sind extreme Meinungen. Wie können wir das entscheiden? Noch nie ist jemand zurückgekommen! Oder aber scharfkantige Meinungen im täglichen Leben der Menschen, wo doch nichts jemals völlig weiß oder völlig schwarz ist.

»Die Dunkelheit ist im Licht. Seht nicht nur die dunkle Seite.« So heißt es im *Sandōkai*.

(3) *Jaken*: Dickköpfige Meinungen. Manche Menschen können nicht das Gute vom Schlechten unterscheiden. Andere haben schlechte Angewohnheiten.

(4) *Kenshin Ken*: Irrige Meinungen, die auf unsicheren Tatsachen beruhen. Manche religiösen Gebräuche befinden sich auf einer niedrigen Stufe, oder sie münden in Kasteiung. Andere Beispiele sind die irrigen Bräuche des Götzendienstes und der Bilderstürmerei.

(5) *Kaigen Chūken*: Meinungen, die auf falschen Vorschriften beruhen. Religiöse Verbote oder Aberglauben...

Durch die Zazen-Übung können wir diese fünf verschiedenen Irrtümer abschneiden und so zum Verständnis und zur Verwirklichung der fünf Weisheiten gelangen. Beim Zazen denken wir am Anfang mit dem Großhirn, dann erschöpfen sich die aus diesem Gehirnteil kommenden Gedanken, das Bewusstsein sinkt herab, dringt bis ins Stammhirn vor, und die Hirnrinde tritt in eine Phase der Ruhe ein. Danach können wir den Thalamus, den Sitz der Intuition, erreichen.

11

Er ist wie Neugeborene in der Welt
Mit ihren fünf Eigenschaften:
Sie gehen nicht, sie kommen nicht,
Tauchen nicht auf, bleiben nicht, sprechen nicht,
Baba wawa – gugu lala …
Letztlich können sie nichts erreichen,
Denn ihre Sprache ist nicht genau.

婆婆和和
竹養仙

Baba wawa –
Die ersten Worte des Babys.

Baba wawa, dies sind die Worte der Babys, wie auch Papa, Mama, Popo... Sind das Sätze? Worte?

Die Babys können das, was sie haben wollen, nicht erhalten, denn ihre Sprache ist nicht genau. Letztlich haben auch wir ganz und gar diese fünf Haltungen der Neugeborenen in dieser Welt: nicht gehen, nicht kommen, nicht auftauchen, nicht bleiben, nicht sprechen.

Was bedeuten diese Eigenschaften? Immer wieder finden wir die Zahl Fünf. Die Fünf ist das Beendete, das Vollkommene. Mit fünf Fingern ist die Hand vollständig.

In diesem elften Teil geht es um die fünf Haltungen und die Sprache. Es geht auf das Nirvāṇa-Sūtra zurück. Das Baby ist weder ängstlich noch besorgt. Auch Jesus sagte: »Werdet wie die Kinder.« Ihr Bewusstsein ist einfach. Sie handeln automatisch, natürlich und unbewusst. Sie wollen sich durch die Sprache ausdrücken, doch ihre Eltern verstehen das Baba-Wawa nicht. Anfangs hat nur die Mutter ein intuitives Verständnis von der Sprache ihres Babys. Die Haltungen sind keine Haltungen; die Handlungen des Babys sind ganz ursprünglich, also unbewusst und natürlich.

In Japan schrieb die berühmte Nonne Taishin, Schülerin Meister Ryōkans, ein sehr berühmtes Gedicht. Mein Meister Kōdō Sawaki verehrte Ryōkan, der vor ungefähr 300 Jahren lebte, sehr. Ryōkan wollte in keinem Tempel leben, sondern nur in einer kleinen Einsiedelei. Er war Bettler, und seine Kalligrafien haben heute einen höheren Wert als die von Dōgen selbst oder die des Kaisers. Seine Schülerin und Assistentin, die Nonne Taishin, hat folgendes Gedicht verfasst und ihm gewidmet:

Wäre ich ihm nicht begegnet,
So hätte ich wohl die Hundert
Selbst durch das Abzählen
Von Zehn mal Zehn
Nicht verstehen können.

Aus der Zeit Buddhas stammt eine indische Geschichte von einem König, der in Begleitung einer sehr schönen Frau in die Berge reiste. Während der König schlief, stahl sich die junge Frau davon und besuchte einen Einsiedler, der in einer ganz kleinen Einsiedelei Meditation übte. Dieser Eremit empfing zahlreiche Frauen bei sich... Der König wurde eifersüchtig. »Warum verharren die Frauen mit solcher Bewunderung vor diesem Einsiedler?« ... Und er war von Zorn erfüllt. Er stattete dem Eremiten einen Besuch ab, doch dieser besaß sehr viel Geduld. Der König fragte ihn, was er da täte.

Der antwortete: »Ich übe Geduld.«

»Würdet Ihr zornig werden, wenn ich auf Euch wütend wäre?«

»Nein, niemals«, sagte der Einsiedler.

»Selbst wenn ich Euch töten würde?«, fragte der König. »Nein«, antwortete der Einsiedler.

Daraufhin ließ ihn der König in Stücke schneiden, Stückchen für Stückchen: die Finger, die Hände, die Ohren, die Beine... In dem Sūtra, das diese Geschichte erzählt, heißt der König »derjenige, der in Stücke schneidet«, »der Zerstückler«. Seltsamerweise jedoch trug der Einsiedler keine Wunden davon und er starb nicht.

Die Einstellung des Eremiten war nicht egoistisch, nicht selbstsüchtig... Wenn wir kein Ego haben, brauchen wir nicht zu sterben. Ist unsere Haltung egoistisch, müssen wir sterben, wenn jemand die Absicht hat, uns zu töten. Das lehrt uns das Diamantschneider-Sūtra. Die Nicht-Haltung ist die vollendete Haltung, in der das Ego restlos aufgegeben ist.

Ihr müsst wie ein Baby sein; doch das heißt nicht, dass ihr ein Baby seid. Die Babys haben keine Angst, sie sind nicht verwirrt und nicht kompliziert. Sie sind ganz frei, spielen offen und ehrlich, ohne an irgendetwas zu haften.

Buddha strebt nicht nach den Erscheinungsformen, Buddha bleibt nicht, Buddha bindet sich an nichts, die Handlungen Buddhas sind dauerhaft, sie erzeugen keine Bewegung.

Buddha hielt vor unzähligen Menschen Vorträge; doch eigentlich waren dies keine Vorträge, sondern freie Worte. Die Worte Buddhas sind sehr tief und enthalten nicht die geringste Vorstellung von Kategorien; sie sind unbegrenzt und ihre Tiefe ist die Unendlichkeit des Kosmos. Auch die Babys haben vor nichts Angst, sie sind frei, frei zu reden, wie der Buddha. Aber ihre Worte lauten eben nur: »Baba wawa.« ...

Unser Bewusstsein muss das Gleichgewicht zwischen der Hirnrinde, dem Kleinhirn und dem Thalamus finden.

Beim Zazen treten das Großhirn samt Hirnrinde in einen Ruhezustand ein, während die tiefen Schichten, das Stammhirn und der Thalamus, aktiv sind. Der Thalamus wird durch die Impulse aus dem autonomen Nervensystem angeregt. Dieses Nervensystem erhält Informationen von den Muskeln und den fünf Sinnesorganen. Beim Zazen haben die Muskeln genau die richtige, starke Spannkraft und beeinflussen entsprechend die Nerven.

Die fünf Sinne beruhigen sich. Der Teil des Gehirns, den man gewöhnlich als Intellekt bezeichnet und der im täglichen Leben ständig sehr aktiv ist, befindet sich in einer Phase der Ruhe. Zur gleichen Zeit werden das Kleinhirn und der Thalamus äußerst aktiv. Diese Teile des Gehirns kann man im Rahmen der traditionellen buddhistischen Philosophie als Speicher für die Samen des Gedächtnisses sehen. Wenn wir an etwas denken, bildet sich eine Nervenzellenverbindung. Diese verursacht eine Handlung, die im Thalamus zu einem Samen des Gedächtnisses wird. Während das Großhirn sich dann beim Zazen in Ruhe befindet, kommt die im Thalamus eingelagerte Saat an die Oberfläche.

Wir können dieses Aufsteigen der aufbewahrten Samen durch den Mechanismus der Träume beim Schlafen verstehen. Beim Zazen jedoch schläft das Gehirn nicht. Es arbeitet exakt und intensiv, wenn wir die richtige Haltung eingenommen haben. Zu Beginn des Zazen treten die Hirnrinde und das Großhirn in eine Phase der Ruhe ein, das persönliche Bewusstsein verschwindet, und aus dem Kleinhirn steigen die alten, dort eingelagerten und vergrabenen Erinnerungen auf; dieses Wiederaufsteigen kommt zum Ende, um dann wieder von Neuem zu beginnen... Das ist Hishiryō. Das Gehirn befindet sich im Einklang mit dem kosmischen System.

Baba wawa... gugu lala... diese Worte entsprechen den Lauten, die Babys von sich geben. Letztlich jedoch können sie das, wonach sie verlangen, nicht erhalten, denn ihrer Sprache mangelt es an Präzision. Aber sie ist auch nicht ausgeschmückt und nicht kompliziert.

Später wollen die kleinen Kinder sprechen und bedienen sich einer direkten, nicht verstandesmäßigen und nicht in verbindliche Gesetze gefassten Sprache. Und manchmal stößt diese Sprache direkt auf den Kern. Sie ist wie Zen: direkt, einfach und ohne Verwicklungen.

Zen dringt direkt in die Wirklichkeit ein. Wir müssen unser Ziel direkt auf die Buddhanatur richten, ohne Umwege über die Welt der Sprache und des Denkens. Wir müssen über die Welt der Empfindungen hinausgehen, mit dem kosmischen System verschmelzen: Das ist das kosmische Bewusstsein.

Ein Meister fragte den Schüler: »Was tust du?«

Der Schüler antwortete: »Ich tue nichts.«

Der Meister: »Du übst doch Zazen – *mushotoku*.«

Der Schüler entgegnete darauf: »Wenn ich ›Zazen‹ geantwortet hätte, so hätte das bedeutet, dass ich Zazen üben würde.«

Der Meister antwortete ihm: »Du tust doch etwas, was soll dann dieses ›ich tue nichts‹?«

Der Schüler sagte daraufhin: »Selbst zehntausend Buddhas können nicht verstehen...«

Was bedeutet dieses Mondō?

Selbst wenn wir mit der Sprache antworten, ist diese Sprache schließlich nicht exakt. Man kann nicht zum Grund der Frage vordringen. Wenn wir nur vom Feuer sprechen, spüren wir noch nicht dessen Wärme. Wenn wir von der Kälte sprechen, werden wir noch nicht erfrischt.

Selbst wenn unsere Worte richtig sind und was wir auch sagen mögen, es lässt sich nicht mit der Sprache erklären. Manchmal ist das Schweigen stärker als die Beredsamkeit. Die kleinen Kinder können nicht reden. Der Buddha kann reden; er hat zahlreiche Sūtras erklärt und viele Vorträge gehalten, doch schließlich hat er gesagt: »Ich kann nicht alles erklären, ich bin mit dem Sprechen zu Ende, aber meine Vorträge sind nicht zu Ende gebracht; sie sind nicht die vollständige Wahrheit.«

Zen bedeutet, eine Blume auf Stein zu pflanzen...

Es ist die höchste, die größte unter den Weisheiten.

12

Die sechs Linien des »doppelten Feuers«
Fördern das wechselseitige Spiel.
Ihre Entfaltung ergibt drei,
Ihre Wandlung fünf.

Die Schildkröte
lebt tausend Jahre.

Meister Tōzan verwendet hier eine Metapher, ein Bild, das auf dem Orakel des Yijing beruht.

In dieser überaus alten Methode der Wahrsagekunst des Yijing benutzt man fünfzig Schafgarbenstängel, die man nach ein paar sehr einfachen Regeln gebraucht und sich daraus eine Zahlenreihe und daraus wiederum ein Hexagramm bildet.

Jedes der 64 möglichen Hexagramme enthält Striche für Yang oder Yin und ist eigentlich eine Zusammenfügung von jeweils zwei aus acht grundlegenden Trigrammen.

Befragt man das Orakel des Yijing, so fördern die sechs Linien des Hexagramms, das man erhält, das wechselseitige Spiel: Es besteht eine vollständige wechselseitige Abhängigkeit zwischen dem Orakel, der Aussage des Hexagramms und der augenblicklichen Situation des Fragenden, der die Stäbchen gezogen hat – natürlich, automatisch, unbewusst. Das Orakel arbeitet wie ein Spiegel. Es zeigt die Situation des Fragenden, wie sie hier und jetzt, im Kosmos, ist. Und dabei beeinflusst es das Bewusstsein; so fördert es das wechselseitige Spiel.

»Ihre Entfaltung ergibt drei, ihre Wandlung fünf.« Eine der sehr einfachen Regeln, die den Aufbau der Hexagramme des Yijing bestimmen, betrifft die Zahl der nach dem Ziehen übrig bleibenden Stäbchen. Wenn fünf Stängel übrigbleiben, zählt man vier, und der Vier wird der Zahlenwert Drei zugemessen.

Hier ist die Rede vom Hexagramm Li, dem Zeichen des doppelten Feuers. Es stellt gleichzeitig das fünfte der *go-i* dar, das heißt die gegenseitige Durchdringung von Essenz und Erscheinung, von Leerheit und Form, von Buddha und Dasein, von Geneigt (*hen*) und Gerade (*shō*), wie es auch im *Shōbōgenzō* im Kapitel *Zazenshin* dargelegt ist. Und die Entfaltung der drei Grundlagen der *go-i* (zwei Begriffe und das Verhältnis, das sie verbindet) wandelt sich und ergibt die Fünf Prinzipien.

Wenn sich der Mensch mit dem Kosmos harmonisiert, wird das persönliche Bewusstsein zum kosmischen Bewusstsein. Das Gehirn, das die Zukunft für alle Ewigkeit beeinflusst, wird zur Gottes- oder Buddhanatur. Beim Zazen wird das Gehirn ruhig und empfänglich für die wahre und tiefe Weisheit. Dōgen lehrt uns im *Fukan zazengi*: »Denkt aus dem Grund des Nicht-Denkens. Wie kann man aus dem Grund des Nicht-Denkens denken? Es ist nicht wie das gewöhnliche Denken, es ist Hishiryō. Dies ist die wesentliche Kunst des Zazen.« Hishiryō ist das Denken des Hypothalamus und des Körpers und nicht das des Großhirns.

Hishiryō ist ohne Wolke und ohne Dunkelheit.

Die vorderen Bereiche des Gehirns und die Hirnrinde, die den geistigen Fähigkeiten und der intellektuellen Tätigkeit entsprechen, werden ruhig, während die tieferen Schichten des Gehirns, das Stammhirn und der Thalamus/Hypothalamus als Sitz der Intuition, erwachen und aktiv werden.

13

Wie die fünf Geschmäcke
Der Chisō-Pflanze.

Cha zen ichimi –
Tee und Zen haben den gleichen Geschmack.

Dieser Vers ist sehr kurz. Er handelt von der Weisheit, die es erlaubt, die vollkommenen Fähigkeiten, die uns und den anderen nützen, zu entwickeln.

Diese Pflanze, im Japanischen Chisō genannt, besitzt fünf Geschmäcke: süß, salzig, scharf, sauer und bitter. Das Fruchtfleisch und die Haut schmecken süß-sauer, die Kerne bitter, und das Ganze hat einen leicht salzigen Geschmack.

Diese Pflanze hat auch fünf Farben: Der Stängel ist rot, die Blüte gelb und weiß, die Früchte sind anfangs grün, im reifen Zustand haben sie die Farbe von Auberginen.

Doch eigentlich hat diese Pflanze nur einen einzigen, kaum vorhandenen Geschmack.

Einen einfachen und leichten Geschmack hat auch die Zen-Küche Japans. Verschiedene Geschmacksrichtungen gleichen sich aus, und das Ganze ist ohne jeden Geschmack. Das ist der »Geschmack des Zen«.

Die Chisō-Pflanze ist fad, während sie zugleich fünf Geschmäcke besitzt. Das Wasser hingegen, gleichermaßen fad, hat überhaupt keinen Geschmack. So sind der Buddha und das Baby *hishiryō*, jedoch nur der Buddha besitzt die fünf Weisheiten.

14

Das gleicht ganz und gar
Einem Diamantzepter.

Das Diamantzepter.

Im *Hōkyō zanmai* findet man fünf Metaphern: den Schatzspiegel, das kleine Kind, das Yin-Yang des Yijing, die Pflanze mit den fünf Geschmäcken und jetzt das Diamantzepter (*vajra*). Welche Bedeutung haben diese Metaphern?

Die Metapher des Schatzspiegels verweist auf die Weisheit des Alaya-Bewusstseins das die Erscheinungsformen des Kosmos ebenso klar widerspiegelt wie ein großer Rundspiegel (im alten China wurden polierte Silberschalen als Spiegel benutzt).

Das kleine Kind bedeutet die Weisheit, die die Gleichheit aller Dinge beachtet und jeglichen Unterschied zwischen den Elementen verneint.

Die Metapher vom Yin-Yang betrifft die Weisheit, die die Fähigkeiten der verschiedenen Lebewesen anerkennt. Durch die Aufhebung der Zweifel des Menschen legt sie den Dharma dar.

Die Metapher von der Pflanze mit den fünf Geschmäcken entspricht der Weisheit, die die vollkommenen Fähigkeiten entwickelt, um allen Wesen zu nützen.

Das Vajra bildet schließlich die Synthese der vier vorangegangenen Weisheiten. In alter Zeit war dies eine etwa zwanzig Zentimeter lange Waffe. Die Enden stellen fünf Finger dar. Man kann sie in der linken Hand einiger, besonders tibetanischer, Buddhastatuen sehen. Dieses Diamantzepter symbolisiert den Geist des Erwachens (*bodhi*), der alle Illusionen (*bonnō*) abschneidet.

Die tiefe Weisheit (*makahannya*) wird also durch einen Gegenstand dargestellt, der an seinen beiden Enden fünf Finger hat. So kann die Hand, die aktiv am täglichen Leben teilnimmt, zum Zeichen der Erleuchtung, der hervortretenden Energie, zum Symbol der Weisheit werden.

15

Wenn das Gerade und das Schiefe
Sich begegnen und verschränken,
Sind auf wunderbare Weise
Frage und Antwort eins.

Hen shō –
Das Geneigte und das Gerade.

Im Zen sehen und beobachten wir die Natur wie die Bilder im Fernsehgerät. Wenn wir vor dem Bildschirm oder vor der Leinwand des Kinos sitzen, sind wir an allem subjektiv beteiligt. Mithilfe des Abbildes können wir uns in das Fernsehen hineinversetzen. Ist jedoch durch einen Knopfdruck das Bild verschwunden, so enden auch unsere Abbilder, und das Fernsehgerät wird wieder zum bloßen Fernsehgerät.

Jetzt leben wir die Natur und sind in unserer Welt, als wären wir Fernsehzuschauer. Es ist, als hätten wir uns in das Programm hineinversetzt, als lebten wir selbst in dem Film. Wir sehen alles Geschaffene subjektiv. Die objektive Wirklichkeit bleibt uns verschlossen, denn wir sind immer nur Abbild. Und doch ist es so, dass alles sich ewig verändert.

Zazen schneidet das Stromkabel des Fernsehgeräts entzwei. Alles zerrinnt, nichts bleibt, das Abbild verschwindet. Nach unserem Tod sehen wir derart objektiv. Wir müssen auf einen dunklen Bildschirm schauen. Das ist ein Kōan! Wir können erfahren, aber nicht verstehen, was wir nach dem Tod sehen werden. Beim Zazen sage ich immer: »Schaut aus der Tiefe eures Sarges.« Das ist die Welt von Hishiryō.

»Brennholz wird zu Asche, und die Asche kann niemals wieder zu Brennholz werden«, sagte Meister Dōgen. Das Holz ist die Welt der Natur, die lebende Materie. Die Asche ist der Tod, die Welt des Geistes. Jetzt leben wir sich bewegende Fernsehbilder, danach werden wir unbewegliche, objektive Fernsehbilder sehen.

16

Das ist innig verbunden
Mit dem Ursprung.
Das ist vertraut
Mit dem WEG.

能收善蓄

鸣谦仙

In das Leiden eintauchen,
um den Menschen zu helfen.

Das ist der Weg der Vereinigung, auf dem die Wesen einander helfen. Nachdem wir den Berg des Hannya Haramita erklommen haben, müssen wir wieder herabsteigen. Auf- und Abstieg sind beide erforderlich, ohne Trennung, ohne Dualität, in vollständiger wechselseitiger Abhängigkeit. Desgleichen beziehen Mitleid und Weisheit einander ein, sie verbinden sich. Wenn eines an die Oberfläche kommt, ist das andere dahinter verborgen. Man kann sie ebensowenig voneinander trennen wie die beiden Seiten eines Blattes Papier.

An dieser Stelle sei die Geschichte Meister Shinrans erzählt, der wie Dōgen in der Kamakura-Zeit lebte und ebenso berühmt war. In seiner Jugend war Shinran Schüler der Tendai-Schule in einem am Berg Hi'ei über einem See gelegenen Tempel. Shinran litt in diesem Tempel sehr, nicht nur am Fehlen jeglicher sexueller Beziehungen, die in einem Tempel natürlich verboten waren, sondern vor allem daran, dass es dort sehr schwierig für ihn war, eine Lösung für seine Lebensprobleme zu finden.

Jeden Tag ging er zu Fuß nach Kyōto zum Tempel Rokkaku-dō (*rokkaku* = die sechs Bewusstseinsformen), und er betete dort innig zur Kannon-Statue (Avalokiteśvara).

Eines Nachts, als Shinran vor der Kannon-Statue schlief, hatte er einen Traum. Es erschien ihm eine sehr hübsche Frau, eine sehr schöne Kannon, die in ein makelloses und ganz und gar weißes, schimmerndes Kesa gekleidet war. In ihrer Hand hielt sie eine Lotosblume. Sie sagte zu ihm: »Shinran, dein weiteres Leben wird durch Frauen in Verwirrung geraten. Deshalb muss ich dir helfen, und ich bin gekommen, um mich mit dir zu vereinen. In dieser Nacht werde ich dir gehören; wir werden unsere Hochzeit feiern, und danach wirst du allen menschlichen Wesen unsere Verbindung mitteilen.« Shinran war wie versteinert vor Erstaunen. Er war nicht mehr in der Lage, diese Vereinigung zu vollziehen, er war vollkommen impotent! Er wollte sie noch einmal ansehen, aber schon war sie verschwunden... Und es erschien eine große Menschenmenge, die den Abhang eines Berges hinaufkletterte. Sein Traum verschwand, und er wachte auf. Dieser Traum war der Ausdruck seiner Jugendprobleme, seiner sexuellen Schwierigkeiten, als er noch studierender Mönch war. Später konnte er sie lösen.

Shinran verliebte sich sodann in eine reizende Prinzessin, und er heiratete sie. Das brachte ihm eine Gefängnisstrafe ein, denn er hatte gegen die *kai* (die Vorschriften) verstoßen und das Gesetz des Buddhismus verletzt. Er wurde an einen entfernten Ort deportiert. Im Gefängnis jedoch gelangte er zum Verständnis des Weges, die Menschheit zu retten. So wurde er innig vertraut und eins mit dem Weg des Mitleids.

Zur gleichen Zeit eröffnete Dōgen im Tempel Kōshō in Uji ein Dōjō, das auch Frauen zugänglich war. Zuvor war es Frauen verboten, Zazen zu üben.

Dies ist ein Beispiel von inniger Verbundenheit nicht nur mit dem Ursprung, sondern auch mit dem Weg. In Shinrans Traum erklomm die Menschenmenge den Berg, und anschließend stieg sie wieder herab. Der religiöse Mensch betrachtet die Menschen von der Höhe des Berges aus, dann steigt er hinab, vermengt sich und wird eins mit ihnen.

In dieser Einheit liegt das Glück.
Doch wir dürfen nicht
Den geringsten Irrtum begehen.

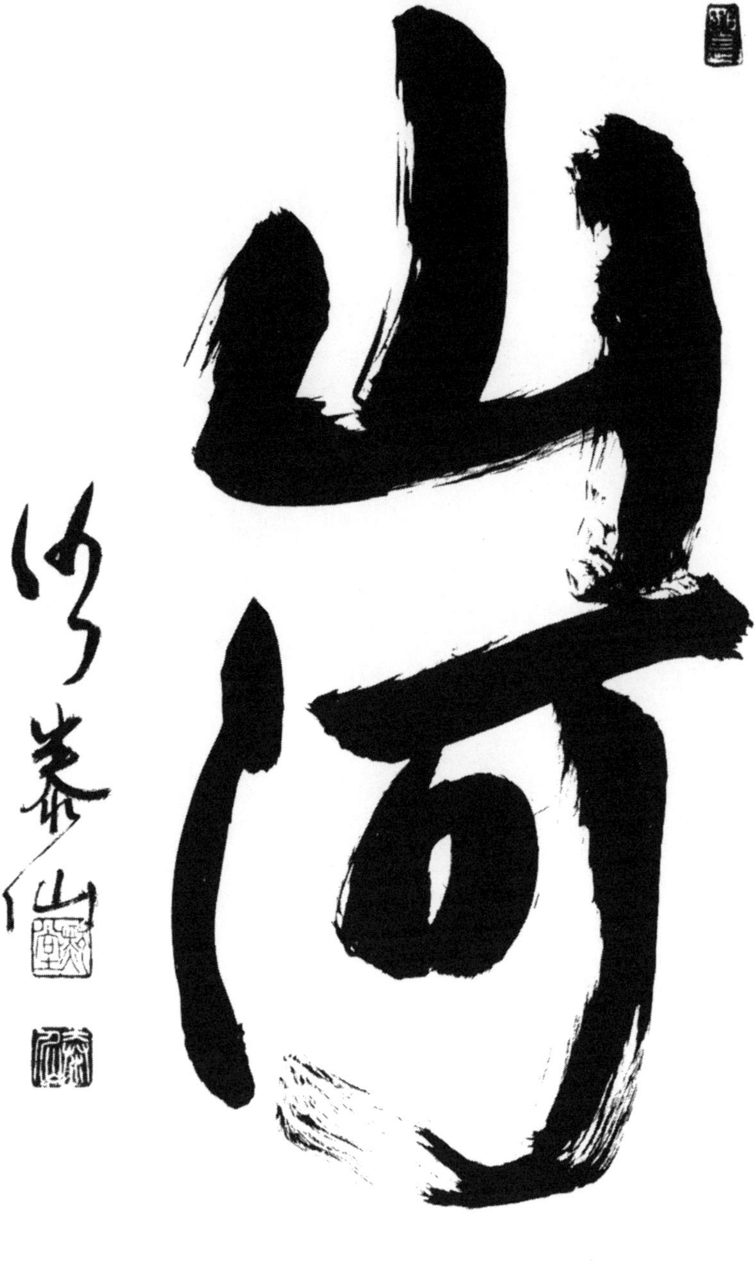
山河

Den Berg erklimmen.

Demjenigen, der die Illusionen und die Hindernisse ausmerzt, der zum Erwachen gelangt, wird bewusst, dass es nicht den geringsten Unterschied gibt zwischen der Welt der Seelenwanderung und dem Nirvāṇa, zwischen den Erscheinungsformen und der Leerheit. Das erhabene Mitleid besteht also darin, nicht irgendwo bleiben zu wollen, selbst nicht im Satori, kein Ziel zu haben und sich mit den anderen zu harmonisieren.

Eine individualistische Haltung kann für das Erklimmen des Berges nötig sein, aber man muss dann sehr wohl auch wieder herunterkommen! Und wie es im täglichen Leben die Weisheit geben muss, so muss es auch die Torheit geben!

Weisheit und Mitleid sind auf innigste Weise vollständig miteinander verschmolzen, wie auch das Satori und die Illusionen, Buddha und wir selbst, der Meister und die Schüler, Mann und Frau. Diese Einheit, diese völlige Verschmelzung ist das wahre Glück.

Was sind diese echte Weisheit und dieses erhabene Mitleid? Meister Menzan beantwortete diese Frage mit einem Gedicht:

Die weißen Wolken steigen hinab ins tiefe Tal
Und lösen sich auf.
Einzig der Gipfel des großen grünen Berges
Ragt in den Himmel empor.

Wer ist im Besitz dieses erhabenen Mitleids und dieser wahren Weisheit?

Ein alter Einsiedler mit weißen Haaren,
In seiner Einsiedelei
Im tiefen Tal.
Er geht hinaus
Zum Markt in der kleinen Stadt
Und mischt sich innigst unter die Menschen.

Er kommt nicht, er geht nicht.
Buddha wird wie ein Kind.

Wie schon gesagt, Buddha und das Baby befinden sich im selben Bewusstseinszustand Hishiryō, doch der Buddha besitzt die höchste Weisheit, die dem Baby fehlt.

Hishiryō ist das weite, unbegrenzte, unendliche, kosmische Bewusstsein, das über den Kategorien steht und das schneller ist als das Licht: Beim Zazen können wir zum Ende des Kosmos vordringen und aus dem Innersten des Nicht-Denkens heraus denken.

18

Dies ist unschuldig und geheimnisvoll.
Dies hat nichts zu tun
Mit Illusion noch Satori.

Die geheimnisvolle kosmische Wahrheit.

»Das« ist der WEG, das Zazen, das man nur hier und jetzt übt, das universale Dasein, das ohne jegliche Künstelei ist.

Im Schlüsselkapitel des *Shōbōgenzō*, dem *Bendōwa*, schreibt Meister Dōgen: »Jeder Mensch besitzt diesen Dharma, diesen WEG, im Überfluss, aber wenn er ihn nicht übt, kann der Dharma sich nicht offenbaren, und wenn der Mensch ihn nicht in sich selbst erfährt, kann er nicht verwirklicht werden.«

Wenn wir die herrliche Speise nicht selbst probieren, wie können wir dann ihren Geschmack schätzen lernen?

In einem der zentralen Kapitel des *Shōbōgenzō*, dem *Genjō kōan*, findet sich die folgende berühmte Geschichte:

Zen-Meister Hōtetsu vom Berg Mayoku fächelte sich Luft zu. Ein Mönch kam vorbei und fragte: »Es ist das Wesen der Luft, immer da zu sein, und es gibt keinen Ort, den sie nicht erreicht. Weshalb benutzt der Meister dann einen Fächer?«

Der Meister sagte: »Du hast nur die Theorie verstanden, dass es das Wesen der Luft ist, immer da zu sein. Aber du kennst nicht die Wahrheit, dass es keinen Ort gibt, den sie nicht erreicht.«

Der Mönch fragte: »Was ist die Wahrheit, dass es keinen Ort gibt, den sie nicht erreicht?«

Der Meister fuhr einfach fort sich Luft zuzufächeln. Der Mönch warf sich vor ihm nieder.

Diese Geschichte lehrt uns, dass der WEG, die kosmische Energie, das ganze Universum ausfüllt; doch wenn wir sie nicht mit unserem eigenen Körper üben, können wir sie nicht empfangen.

Der Wind steht hier für das Satori, die kosmische Wahrheit; der Fächer für das Zazen, das wir üben. Der Schüler verstand die Unterweisung seines Meisters augenblicklich und in tiefer Weise. Also machte er Sanpai (warf sich nieder) und verließ das Zimmer. Der Meister hatte nichts gesagt, und der Schüler hatte ganz intuitiv sofort das Denken seines Meisters verstanden. Dieses Mondō wurde durch eine schweigende Antwort beendet.

19

Das Gesetz der wechselseitigen Abhängigkeit
Und die Umstände
Können verwirklicht werden
In der Klarheit
Und Stille des Herzens.

Der Pfad des Ochsen.

Unser Leben befindet sich in wechselseitiger Abhängigkeit mit allen Elementen des Universums.

Ihr und ich, der Meister und der Schüler, Mann und Frau, der Körper und die verschiedenen Organe, alles ist dem Gesetz der wechselseitigen Abhängigkeit unterworfen.

Im Zen heißt die Methode, mit der man immer weiter auf dem WEG vorankommt, der »WEG des Vogels«. Der WEG des Vogels hat weder eine festgelegte Route noch ist er durch irgendwelche Hinweise gekennzeichnet. Es gibt keine Spuren auf ihm. Dagegen lassen ein Pferd oder eine Kuh ihre Abdrücke auf dem Weg zurück.

Dōgen schreibt im *Sanshōdōei*:

Ohne jegliche Spuren zurückzulassen,
Schwimmt die Ente auf dem Wasser hin und her.
Dennoch vergisst sie niemals ihren Weg.

20

Das Kleine
Dringt ein ins Unendliche.
Das Große
Begrenzt den Kosmos.

Das ewige LEBEN.

Was ist die Buddhanatur? Der Meister macht eine Handbewegung, oder er stellt den Daumen auf.

In Bodhgayā im Königreich Magadha, wo der Buddha Satori erlangt hat, als er unter dem Bodhi-Baum den Morgenstern betrachtete, kann man den Platz sehen, auf dem er meditierte. Diese Stelle heißt »der Diamantsitz«.

Überall dort, wo wir Zazen üben, wird dieser Ort zum Diamantsitz. Selbst ein Bett kann zum Diamantbett werden! Wenn man aber zum Beispiel das Zen-Sitzkissen, das *zafu*, zum Geschlechtsverkehr verwendet, wird es ein Sex-Artikel.

Dōgen schreibt im *Shōbōgenzō*, Kapitel *Bendōwa*: »Wenn jemand deshalb auch nur einen Augenblick lang übt, tritt Zazen in die spirituelle Gemeinsamkeit mit allen Dharmas, durchdringt alle Zeiten und vollendet im grenzenlosen Universum das ewige Werk Buddhas in der Vergangenheit, Zukunft und Gegenwart.«

21

Bildet sich eine Abweichung,
Und sei sie noch so winzig,
Ist die Harmonie der Musik verloren.

Natürlich, unbewusst, automatisch.

Der kleinste unscheinbare Irrtum, und schon ist es nicht mehr das wahre Zen! Wenn der Rhythmus nicht stimmt, wird die Musik falsch. Im *Shinjinmei* findet man:

Doch entsteht im Geist eine Unterscheidung
Auch nur so winzig wie ein Staubteilchen:
Sogleich trennt unendliche Entfernung
Himmel und Erde.

In der Rinzai-Schule waren die Kōan sehr in Mode. Die Schüler glaubten, ihr Satori wäre zu ihren Zweifeln proportional: Bei geringem Zweifel kleines Satori; bei großem Zweifel großes Satori! Sie wetteiferten in den Kōan, und schließlich verlor die Zazen-Übung ihre Kraft und ihr Kern ging verloren.

Die Sōtō-Richtung ihrerseits nannte sich, weil sie den Akzent auf Zazen legte, »Mokushō-Zen«: Zen des schweigenden Erwachens.

Das wahre Zen ist allumfassend, in Harmonie mit der kosmischen Ordnung. Wenn wir mit dem persönlichen Bewusstsein denken und ohne Unterlass Kategorien bilden, befinden wir uns außerhalb des wahren Zen. Daher sträubte sich Dōgen auch dagegen, solche Begriffe wie »Rinzai« oder »Sōtō«, ja sogar »Zen« zu gebrauchen. Er zog ihnen die Bezeichnungen »universale Wahrheit« oder »kosmische Ordnung« vor. Und er sagte: »Nur Zazen ist die Wahrheit des Zen!«

22

Jetzt gibt es das Plötzliche
Und das Allmähliche.
Die Schulen trennen sich,
Bilden Lehren und Normen.

Die Augen waagerecht,
Die Nase senkrecht.

Es gibt nur eine einzige Lehre Śākyamunis; doch Abweichungen ergeben sich daraus, dass jeder von uns anders ist. Irrtümer kommen auf, der WEG verliert sich, indem er von der wahren Richtung abweicht. Die Schüler erhalten nicht mehr die Unterweisung in ihrer reinen Form. So ist Zen zwar ein einziger Weg, aber ein einziger Irrtum, und sei er noch so winzig, entspricht schon der Entfernung, die Himmel und Erde voneinander trennt.

Von Bodhidharma bis zum sechsten Vorfahren Enō ist die Nachfolge rein, einfach und ohne Komplikationen; sie wurde von Meister zu Meister übertragen. Doch schon vom fünften Vorfahren (Meister Kōnin) an spaltete sich die Linie.

Um seine Schüler zu prüfen, hatte Meister Kōnin ihnen aufgetragen, ein Gedicht zu schreiben.

Jinshū, der Älteste, galt allgemein als derjenige mit dem tiefsten Verständnis des Zen. Enō, ein junger Schüler, der noch nicht lange dabei war und, da er weder schreiben noch lesen konnte, nicht die Mönchsordination empfangen durfte, war nur Küchengehilfe. Das Gedicht Jinshūs wurde für das beste gehalten:

Dieser Körper ist der Bodhi-Baum,
Die Seele wie ein glänzender Spiegel.
Sieh zu, ihn immer sauber zu halten,
Und lass kein Staubkorn sich darauf legen.

Wenn man jeden Tag übt, wird man schließlich Satori erlangen. Schritt für Schritt: Das ist das »allmähliche Zen«.

Enō, der Küchengehilfe, betrachtete das Gedicht und bat einen seiner Freunde, es ihm vorzulesen.

»O ja«, sagte der Freund, »das ist ein sehr großes Gedicht. Jinshū wird bestimmt der Nachfolger unseres Meisters werden«, und er las ihm das Gedicht vor.

»Das stimmt nicht«, antwortete Enō. Das ist nicht das wahre Zen. Niemals hat unser Meister so etwas gelehrt. Ich habe seine Vorträge gehört, und ich kann in diesem Gedicht nichts von der Essenz seiner Lehre wiederfinden. Schreib mir doch darum bitte Folgendes auf:

Der Bodhi ist kein Baum,
Der glänzende Spiegel leuchtet nirgends,
Alles ist nichts. Alles ist Kū.
Wohin könnte der Staub sich legen?

Das ist das »plötzliche«, das »unmittelbare« Zen. Zazen selbst ist Satori, hier und jetzt.

Diese beiden Ansichten würden trotz ihrer Unvereinbarkeit zwar richtig erscheinen. Dennoch hat Meister Kōnin sein Kesa und seine Schale an Enō übergeben, und dieser ist sein Nachfolger geworden.

»Du musst fliehen«, sagte er zu ihm. »Meine Schüler werden wütend auf dich sein. Du hast Zen verstanden. Du hast Satori erlangt.«

So kam es zur Trennung der beiden Schulen.

Augenblicklich und innig
Nimmt die Trauerweide
Auch die schnellsten Bewegungen
Des wehenden Windes an.

Derart ist das unmittelbare Zen.

23

Selbst wenn ihr die Schulen versteht
Und ihre Lehren verwirklicht,
Ist dies eine Befleckung
Des wahren Satori.

Die Schulen verstehen.

Auch im *Sandōkai* heißt es: »An der Übung zu haften, ist eine Illusion.« Und im *Shōbōgenzō* findet man folgenden Satz: »Da diese innige Verbundenheit weder gerade noch schief ist, legt sie – unbewusst, ohne eigenes Bewusstsein – sich selbst ab.«

Die höchsten Werke, die kraftvollsten Kalligrafien sind ohne Künstelei, ohne falsche Spannung, ohne Ziel noch Nützlichkeitsdenken entstanden.

In diesem Zusammenhang gibt es eine interessante Geschichte:

In einem kleinen, tief in den Bergen gelegenen Tempel übten vier Mönche Zazen. Sie hatten beschlossen, ein Sesshin des absoluten Schweigens abzuhalten. Am ersten Abend erlosch beim Zazen die Kerze, und das Dōjō war in tiefe Dunkelheit getaucht.

Der Mönch, der am wenigsten lange dabei war, sagte halblaut: »Die Kerze ist ausgegangen.«

Der zweite antwortete: »Du darfst nicht sprechen, das ist doch ein Sesshin des absoluten Schweigens!«

Der dritte fügte hinzu: »Warum sprecht ihr? Wir müssen schweigen und still sein!«

Der vierte, der das Sesshin leitete, schloss mit den Worten: »Ihr seid doch alle dumm und nichtsnutzig. Nur einer hat nicht gesprochen, und das bin ich!«

Dōgen sagte: »Unser Leben ist so: Eine Kuh kommt aus ihrem Stall heraus; die Hörner, der Kopf, der ganze Körper sind draußen, und der Schwanz ist in der Tür eingeklemmt.«

Selbst wenn das Satori sich tatsächlich gezeigt hat, müssen wir darüber hinausgehen, das *Hōkyō zanmai* zerschmettern.«

24

Außen – Ruhe,
Innen – Bewegung.
Wie das Pferd,
Dem man die Füße fesselt,
Wie die Ratte,
Die sich verbirgt.

Dem Pferd die Füße fesseln.

Dem äußeren Anschein nach ist unser Geist ruhig, im Innern jedoch ist er in Bewegung. Das Pferd, dem die Füße gebunden sind, kann nicht entfliehen. Seine äußere Haltung erscheint ruhig, innerlich will es aber entkommen und davongaloppieren.

So verhält es sich auch mit der Ratte, die sich verbirgt. Sie versteckt sich in einer dunklen Ecke in der Küche des Bauernhauses, doch sie hat Hunger. Sie möchte herauskommen, um sich Nahrung zu suchen. Sie wartet, scheinbar völlig ruhig, doch im Innern ist sie ganz und gar in Bewegung.

Das Pferd ist ein ausgezeichnetes Reittier, wenn es richtig gelenkt wird. Im Mahāyāna-Buddhismus geht es nicht darum, die Leidenschaften zu unterdrücken, sondern zu wissen, wie man sie kontrolliert, damit ihre Energie eine Quelle der Aktivität, der wahren Weisheit und des wirklichen Mitleids wird.

So sagte der große Meister Shinran: »Die Leidenschaften und das Verlangen sind das Wasser des Satori.«

Ein großer Eisblock ergibt, wenn er schmilzt, sehr viel Wasser!

Alle Daseinsformen des Kosmos, alle menschlichen Wesen besitzen die Buddhanatur.

25

Da alle Meister, die die Lehre weitergaben,
Hierüber betrübt waren,
Verspürten sie das Bedürfnis,
Den Dharma zu spenden.
Wenn jeder der Illusion voller Irrtum folgt,
Verwechselt er das Weiße mit dem Schwarzen.
Haben die Illusionen sich aufgelöst,
Kann jeder augenblicklich
Selbst verstehen.

Die Liebe
vergeht niemals.

Was ist »hierüber«? Die Illusionen, die Leidenschaften. Wir müssen sie mithilfe der sechs Tugenden (*pāramitā*) lenken. Diese sind:

Dāna: die Spende, die Gabe
Śīla: die Befolgung der Vorschriften
Kṣānti: die tatkräftige Beharrlichkeit
Virya: der ausdauernde Fleiß
Dhyāna: die Meditation, Zazen
Prajñā: die Weisheit

Wir brauchen die Illusionen. Wir müssen sie in Weisheit umwandeln, damit wir allen lebenden Wesen helfen können. Die Pāramitās sind Mittel zu diesem Zweck, wie die Keile, die der Zimmermann bei der Montage der Balken unterlegt, bevor er sie endgültig befestigt.

Zazen ist weder Buddha noch Mensch, es ist nur das Sitzen und das Denken aus dem Innersten des Nicht-Denkens heraus. So können wir die sich wandelnde Zusammensetzung des Ichs ahnen und verstehen, wie wir auch verstehen können, dass die Suche nach der Erweckung aussichtslos ist, dass die Leerheit selbst eine Illusion ist, die zerrinnt wie das Eis im Feuer.

26

Wollt ihr euch einordnen
In die alten überlieferten Spuren,
So betrachtet aufmerksam das Beispiel
Eurer frühen Vorgänger.
Damit der Weg des Buddha
Erfolgreich geschaffen werden konnte,
Wurde der Baum
Zehn Millionen Jahre lang
Betrachtet.

Im Lotossūtra wird berichtet, dass der Buddha zuvor zehn Millionen Jahre lang auf seinem diamantenen Sitz unter dem Bodhi-Baum die rechte Meditation, Zazen, geübt hatte.

Den Baum zu beobachten und zugleich alle Richtungen zu sehen, das ist Hishiryō, die Verwirklichung des reinen, ursprünglichen Geistes, den jeder von uns im Innersten seines Wesens besitzt: die wahre Konzentration des wahren Spiegels, das heißt den Samādhi des *Hōkyō zanmai*.

Śākyamunis Satori beeinflusst die drei Welten: die vergangene, die gegenwärtige und die zukünftige. Unser Zazen hier und jetzt und die zukünftige Rettung der Menschheit sind zwei verschiedene Dinge – wie die beiden Seiten eines Blattes Papier!

Meister Dōgen zitiert an einer Stelle den folgenden Satz von Meister Keizan:

Durch die Übung des Satori
Werden wir geschubst,
Weggetrieben
Und fortgerissen.

Dies ist der Kern des wahren Zen, das von einem authentischen Meister an einen wahren Schüler weitergegeben wird, von Kōdō Sawaki an Taisen Deshimaru, von Taisen Deshimaru an seine Schüler…

27

Wie der Ohrspalt des Tigers,
Wie die Nachtaugen des Pferdes.

Kahler Kopf, schwarze Kleidung –
Das Leben des Mönchs.

In Asien heißt es im Volksglauben vom Tiger, er bekäme gespaltene Ohren, wenn er einen Menschen verschlingt – das ist sein schwacher Punkt.

Das Pferd hat weiße Haare auf den Knien, und wenn es nachts galoppiert, erscheinen diese Flecken wie Augen.

Nicht genug oder zu viel: Wahre Schönheit ist immer unvollkommen.

In den Schriften Meister Mujūs finden wir folgende Geschichte:

Ein kranker Laufbursche, der an Epilepsie litt, wurde in der Nacht auf einen Botengang geschickt. Sein Weg führte über eine kleine Holzbrücke, die einen reißenden Bergbach überspannte. Als er von der Höhe der Brücke in den Strom schaute, wurde er von einem epileptischen Anfall überrascht, fiel ins Wasser und trieb mit der Strömung davon. Am nächsten Morgen erwachte er am anderen Ufer... und lebte noch.

Er war scheintot ins Wasser gefallen, und auf diese Weise konnte er überleben. Würde uns dasselbe zustoßen, ohne dass wir bewusstlos wären, würden wir sicher sterben.

Bei meiner ersten Begegnung mit Kōdō Sawaki im Tempel Sōji borgte er mir drei Bücher, darunter auch die Biografie des Bettelmönchs Tōsui.

Meister Tōsui, der einen sehr großen Tempel geleitet hatte, floh von dort, ließ alle Mönchsgewänder zurück und schloss sich einer Gruppe leprakranker Bettler an.

Früher wurden die Leprakranken unerbittlich verfolgt und mussten sich in Gemeinschaften zurückziehen.

Einer seiner Schüler lief ihm nach.

Tōsui sagte zu ihm: »Mir zu folgen, ist sehr schwierig! Du musst alles aufgeben, selbst dein Koromo und dein Kesa. Diese Strohmatte muss dir zum Schlafen genügen!«

Aber der Schüler ging mit Meister Tōsui mit.

Nicht lange danach befahl ihm der Meister, ein Loch zu graben, um darin einen an Lepra gestorbenen Mann zu begraben. Der Schüler gehorchte. Als das Loch ausgehoben war, befahl Tōsui: »Du nimmst die Beine und ich den Kopf.«

Der Leichnam war von der Lepra schon völlig zersetzt, und dem Schüler wurde schlecht vor Ekel. Dennoch begruben sie ihn.

Gleich danach bat der Schüler Tōsui um etwas Nahrung, um sich wieder erholen zu können. Der Meister antwortete: »Iss die Suppe dort!«

In der Suppe, die der Tote zurückgelassen hatte, war der Eiter der Wunden mit der Flüssigkeit vermischt.

»Das ist deine tägliche Mahlzeit. Du brauchst nicht mit Gemüse und Fleisch zu rechnen!«

Der Schüler sagte sich: »Wenn ich die Suppe nicht esse, dann bedeutet das: Es fehlt mir an Entschlusskraft. Also muss ich sie essen.«

Doch der erste Schluck blieb ihm in der Kehle stecken. Er konnte diese verseuchte Suppe nicht herunterbekommen.

Daraufhin sagte Meister Tōsui zu ihm: »Das ist schwer! Mein Schüler zu werden, ist sehr schwer; es ist dir nicht möglich.«

Der Schüler begann zu weinen, und Tōsui fuhr fort: »Mein Bereich und der deinige sind nicht gleich. Unser beider Lage ist verschieden. Du kannst nicht Bettler sein. Du musst Tempelvorsteher werden.«

Später wurde der Schüler ein großer Mönch.

Tōsui seinerseits blieb ganz und gar Bettler. Er schlief, wenn er konnte, in Scheunen, und starb im Alter von 88 Jahren in der Nähe des Tempels Antai in Kyōto.

Gegen Ende seines Lebens nahm ihn ein reicher Sake-Händler unter seine Protektion und ließ ihn Essig, der aus Sake-Rückständen gefertigt wurde, verkaufen.

Doch von Zeit zu Zeit entfloh er dem Laden seines Gönners, um in einem Stall zu schlafen. Er nahm dabei immer ein Bild des Amida-Buddha mit, das er, so gut es ging, an die Wand des Stalls heftete.

Darüber schrieb er ein kleines Gedicht:

Hier ist es eng und schmutzig,
Doch ich borge dir diesen Stall.

28

Die Menschen glauben sich minderwertig
Und betrachten die Dinge wie seltene Schätze.
Sie fürchten sich vor ihrem Geist.
Daher muss der Meister
Sich in eine Katze
Oder einen weißen Ochsen verwandeln.

Katze
(manchmal ist es gut, sich auszuruhen).

Was ist dieser Geist der Angst und Furcht, den die Meister in der Nachfolge Buddhas verändern müssen?

Da sich die Menschen schwach fühlen, müssen die Meister, die die Lehre weitergeben, sich dem Leben in der Gesellschaft anschließen, wie die Katze, der Ochse und andere Haustiere es tun.

Die Menschen, die meisten jedenfalls, besitzen zwar die höchste Wahrheit, das Satori. Sie haben jedoch Angst, sich dieser seltenen Dinge, die sie für Schätze halten, zu bedienen, denn sie sind weder Kaiser noch König. Obwohl sie sie besitzen wollen, fühlen sie sich deshalb verpflichtet, vor dem WEG zu fliehen, der ihrer Meinung nach ein seltener und kostbarer Gegenstand ist. Aus diesem Grund verweist das Lotossūtra auf folgende Erziehungsmethode:

Der Buddha, der Meister, muss ein Mittel finden,
In die Eingeweide des Esels und des Pferdes einzudringen.

Einst war der Sohn eines reichen Mannes ein umherziehender Bettler geworden und schon lange unterwegs. Er hatte inzwischen vergessen, wie seine Eltern und sein früheres Zuhause aussahen. Eines Tages führten ihn die Umstände jedoch wieder vor dieses prachtvolle Haus. Da er jeden Teil des Hauses, Fenster, Gardinen und Türen, für Schätze hielt, wurde er von Panik ergriffen, und er machte sich aufs Neue davon. Sein Vater hatte ihn jedoch erkannt, und um ihn zurückzuholen, musste er eine List anwenden, denn sein Sohn war zu erschrocken, um ihn wiederzuerkennen. Er ließ einen treuen und ergebenen Diener in alte und abgenutzte Sachen einkleiden und bat ihn, so dem Sohn zu folgen.

Der Diener, nun Bettler geworden, schloss sich der Gruppe an, der auch der Sohn seines Herrn angehörte, und er teilte die schlechte Nahrung mit ihnen. Durch die Vermittlung des Dieners stellte der Vater dann den Sohn als Knecht ein und befahl ihm, in der Küche zu helfen und die Toiletten zu reinigen. Später wurde ihm erlaubt, andere Kleidung zu tragen und die Räume der Familie zu betreten. Schritt für Schritt veränderte sich das Bewusstsein des Sohnes und stellte sich auf den Reichtum ein. Und schließlich ließ der Vater ihn rufen und sagte zu ihm: »Du bist mein Sohn. Darum übergebe ich dir mein Hab und Gut!«

Welche Bedeutung hat dies?

So ist das Shisho!

Der Sohn konnte erst nicht glauben, dass er von diesem reichen Mann abstammte. Das Shisho jedoch bescheinigte es ihm.

29

Durch seine perfekte Technik
Kann der Meister des Bogens
Selbst aus großer Entfernung
Die Scheibe treffen.
Doch die beste Technik ist wirkungslos,
Wenn mitten im Flug
Pfeil und Lanze zusammentreffen.

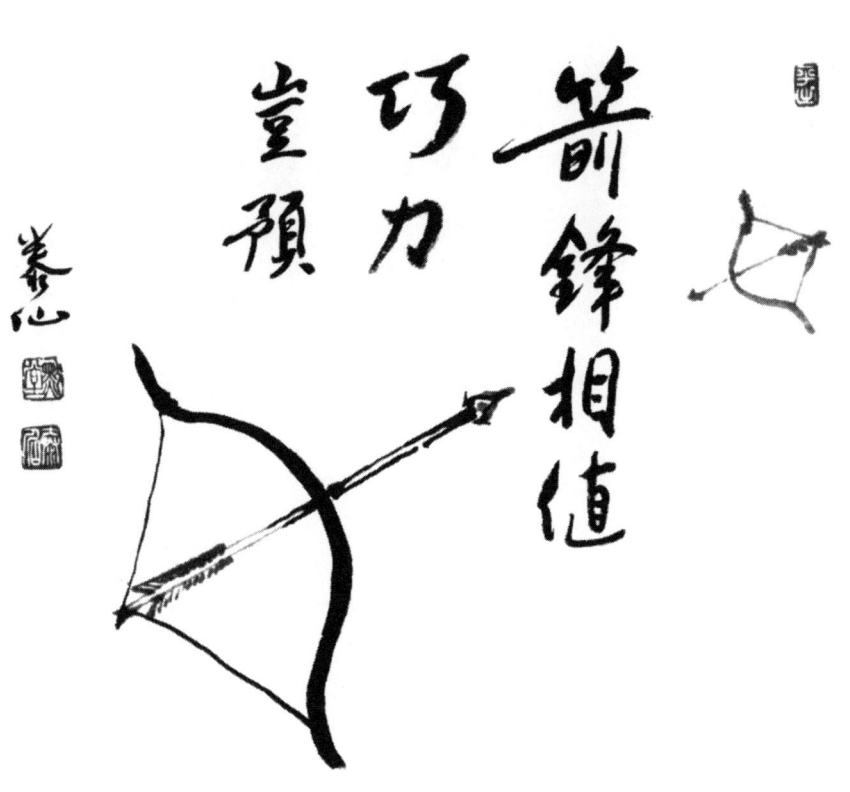

箭鋒相值
巧力
豈預

Die beste Technik ist wirkungslos,
Wenn mitten im Flug
Pfeil und Lanze zusammentreffen.

Der große Meister des Bogenschießens Hi'ei hatte einen Schüler namens Kisho. Der Schüler war sehr einfältig und schaffte es nicht, seinen Meister zu besiegen. Der Meister war der Meister. Deshalb wartete Kisho auf den Tod seines Lehrers… Aber der war sehr stark, erfreute sich einer ausgezeichneten Gesundheit und war somit weit entfernt davon zu sterben!

So beschloss Kisho, ihn zu töten.

Eines Tages übte er gerade auf dem Feld das Bogenschießen, als sein Meister den Acker überquerte. In diesem Moment nahm der Schüler einen Pfeil und zielte auf ihn. Doch dieser schoss im gleichen Moment. Die beiden Pfeile trafen sich mitten im Flug und fielen zu Boden.

Der Schüler schoss weitere neun Mal. Jedesmal hielt der Pfeil des Meisters den des Schülers an.

Kisho hatte zehn Pfeile bei sich, Hi'ei nur neun. Nun schoss der Schüler den zehnten und unwiderruflich letzten Pfeil ab. Doch Hi'ei verteidigte sich mit seiner Lanze. Mit dieser Waffe fing er auch diesen Pfeil mitten im Flug ab.

Der Schüler konnte sich jetzt nur noch in Sanpai niederwerfen. Meister und Schüler umarmten sich.

»Oh! Großer Meister!«

»Oh! Großer Schüler!«

Da sich ihr Ego aufgelöst hatte und verschwunden war, gingen sie ein in die ewige Beziehung von Vater und Sohn, von Meister und Schüler…

Die Sonne scheint, der Mond dreht sich um die Erde, die Wolken ziehen vom Wind getrieben am Himmel, steigen vom Tal bis zu den Gipfeln der Berge auf. Die Flüsse fließen von ihrer Quelle bis zum Meer. Ganz und gar natürlich, unbewusst. Das Licht ist überall.

Der wahre Meister ist in Harmonie mit dem kosmischen System und mit der Ordnung, die ihn umgibt. Er folgt der Atmosphäre und der Welt um ihn herum mit anderen Mitteln als denen der Techniken. Zwischen ihm und seiner Umwelt gibt es keine Unterscheidung mehr.

30

Der Mann aus Holz singt,
Die Frau aus Stein erhebt sich und tanzt.

木人歌

石女舞

Der Mann aus Holz singt,
Die Frau aus Stein erhebt sich und tanzt.

Dieser Mann aus Holz ist nicht etwa sexuell erregt. Er empfindet nichts Außergewöhnliches, aber dennoch singt er, von Freude und von Glück erfüllt.

Die Frau aus Stein fühlt keine Leidenschaft, sie erhebt sich und möchte tanzen.

Nach der Zauberkraft braucht man nicht zu suchen, sie fließt spontan und natürlich aus dem Hishiryō-Bewusstsein.

Wenn es uns am Rücken juckt und wir jemanden bitten, uns zu kratzen, kommt es darauf an, genau einen Punkt zu finden, die Quelle des Juckreizes. Genauso müssen wir auch in das Zentrum des Wesens der Buddhalehre, Zazen, treffen.

Wir sind gesegnet mit Glück.
Der duftende Fluss
Erfüllt das ganze Schloss
Mit Wohlgeruch.

Das Schloss unseres Körpers wandelt sich ganz im Stillen durch die Essenz der Lehre Buddhas.

Nach dem Regen der Nacht
Bedecken die Blütenblätter
Den Boden.

31

Die Gefolgschaft
Muss dem König gehorchen.
Der Sohn
Muss seinem Vater folgen.

子順父

Der Sohn
folgt seinem Vater.

Dieser Vers enthält nicht die geringste Anspielung auf das Feudalsystem. Der KÖNIG ist vielmehr der allerwichtigste Punkt, die ewige Wahrheit. Die Essenz des Zen.

Der Buddha hat gesagt: »Wenn der König des Geistes genau richtig ist, sind auch seine sechs Gefolgsleute weder gut noch schlecht.«

Die »sechs Gefolgsleute«, Augen, Ohren, Nase, Zunge, Körper und Bewusstsein, lassen die Illusionen und Leidenschaften (die Bonnō) entstehen.

Der wahre König denkt nicht an seine Stellung als König. Der wahre Buddha denkt nicht, dass er Buddha ist. Das ist das wirkliche Hishiryō, der »König des Samādhis«, der von den zahlreichen Gefolgsleuten bewacht wird.

Im Tempel Eihei begann Dōgen einen Vortrag mit folgenden Worten:»Anderen überlegen zu sein ist weder nützlich noch wirksam. Selbst wenn wir schon weiter vorangekommen sind, brauchen wir nicht mir den anderen um die Wette zu eifern. Wir dürfen nicht auf das große Satori warten. Wir müssen einzig Dōkan, den Ring des WEGES, üben. Die unaufhörliche Fortdauer ist wesentlich. Fülle ohne Mangel.« Alles wird zu Dōkan, denn Zazen zeichnet die Umrisse unseres täglichen Lebens, leitet unser Leben Tag für Tag.

Die Diener und Gefolgsleute würden gerne die Stellung des KÖNIGS an sich reißen, indem sie sie zu verstehen suchen. Doch das gelingt ihnen nicht, denn nur ein anderer König kann das Geheimnis dieser Position verstehen.

Einzig ein Buddha versteht einen anderen Buddha.

Der KÖNIG ist nicht immer ein König, denn auch bei ihm tauchen Bonnō auf. Er will essen, er wünscht sich Sex, er ist traurig, er bedauert etwas... Das bedeutet der Ausdruck »den Bonnō folgen«. Doch der KÖNIG denkt nicht einen Augenblick daran, KÖNIG zu werden. Er denkt nicht daran, das Gute zu tun. Die Furcht vor dem Schlechten gibt es in ihm nicht mehr, die Vorstellung vom Streben nach dem angesehensten Posten berührt ihn nicht mehr, Medaillen und Orden gibt es nur noch außerhalb seines Denkens: Nur die Gefolgsleute brauchen die goldene Krone und die Medaillen des Königs. Der KÖNIG braucht kein Zazen zu üben, doch sein Gefolge muss es tun. Hätte der KÖNIG keine Gefolgsmänner, wäre er auch kein König, und die Gefolgsleute wären ohne den König keine Gefolgsleute. Beide Stellungen müssen eine vollständige Einheit und Harmonie bilden. Doch nur der KÖNIG versteht das Geheimnis des KÖNIGS. Die Gefolgsleute können Hishiryō nicht bestimmen, es nicht ganz exakt finden, sie können jedoch die Bonnō viel tiefer verstehen und von daher ihr Hishiryō-Bewusstsein erweitern. Die Bonnō sind endlos tief, doch durch Zazen können wir, über das *Hōkyō zanmai*, immer weiter hinabsteigen.

Wollt ihr Hishiryō verstehen,
So müsst ihr jegliche gewöhnliche Intelligenz
Mit den Füßen treten.

Der Greis hat ein Babygesicht,
Das Kind hat einen weißen Bart.

So schrieb Meister Jiun.

»Der Sohn muss seinem Vater folgen...« Der Vater ist der Berg, der Sohn die weißen Wolken. Der grüne Berg ist der Vater der weißen Wolken, und die weißen Wolken sind die Söhne des großen grünen Berges.

32

Nicht zu folgen
Verletzt die Kindespflicht des Sohnes.
Nicht zu gehorchen bedeutet,
Kein wirklicher Gefolgsmann zu sein.

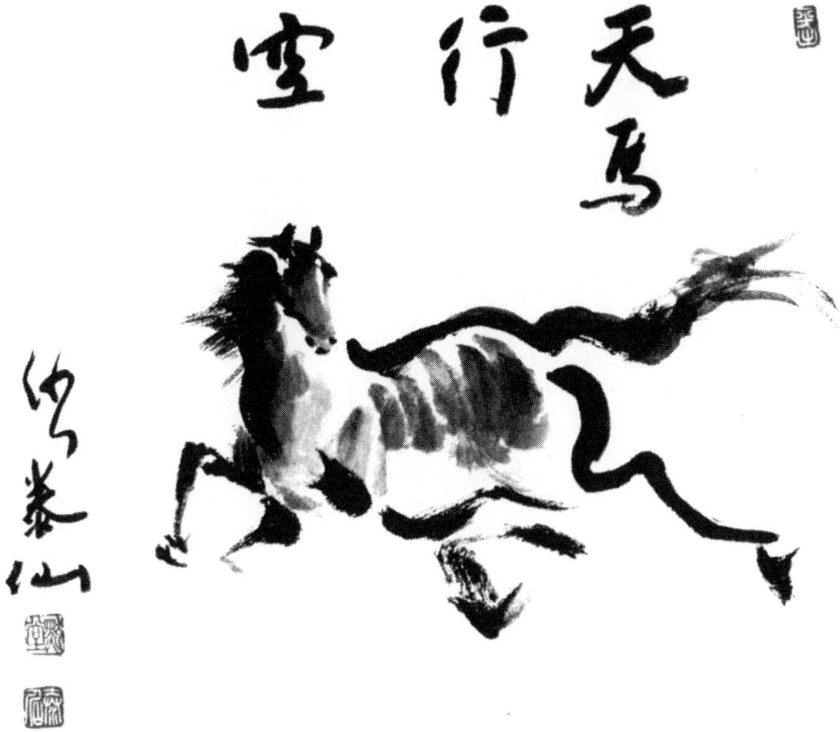
天馬行空

Das himmlische Pferd
Durchdringt Kū, die Leerheit.

Der Sohn, der seinem Vater nicht folgt, hat keine Kindesgefühle. Die Gefolgsleute, die dem König nicht gehorchen, sind nicht seine Gehilfen. Folgen, Gehorchen, das bedeutet in der Tat, sich mit der kosmischen Ordnung zu harmonisieren.

Diese Ordnung ist von wesentlicher Bedeutung: Wenn man sie vergisst, zerbrechen alle Dinge, und das Glück kann nicht verwirklicht werden.

33

Die verborgene Handlung,
Geheim und vertraut benutzt,
Erscheint dumm und beschränkt.

Wie ein Dummkopf ...

Zu innig verbunden zu sein mit der Wahrheit, in zu enger Beziehung zu ihr zu stehen, erschwert es, sie zu verstehen. Wenn wir auf dem Gipfel stehen, können wir den Berg nicht sehen. Wenn wir mit den Menschen zu intim sind, ihnen zu nahe stehen, können wir ihre wesentlichen Züge nicht verstehen. Doch die entfernte Wahrheit wird zu etwas Verborgenem und Geheimnisvollen.

Wenn wir der Welt der Sexualität zu nahe stehen, zu sehr an sie gebunden sind, verliert sie an Wert; sind wir dagegen zu weit von ihr entfernt, nimmt sie bald eine zu große Bedeutung ein, und das Verlangen steigt auf.

Nicht zu nahe kommen, sich nicht zu weit entfernen: Das ist in der Buddhalehre der WEG der Mitte.

»Man braucht der Wahrheit weder nachzulaufen noch vor ihr zu fliehen«, liest man im *Shōdōka*. Zen ist weder zu intim mit der Wahrheit noch zu weit von ihr entfernt. Das ist offensichtlich ein Widerspruch, doch wir müssen auch hier die Widersprüche umfassen.

Meister Keizan schrieb: »Die äußere Erscheinung des Zen-Mönchs muss so sein wie das Licht der Laterne in der Mittagssonne.«

Der Berg und die Felder sind eingetaucht in die Stille, ohne jegliche Bewegung; doch jedes Jahr wird das lebendige Grün wieder erweckt. Die große schweigende Erde ist schwer und unbeweglich...

Der Mönch des Sōtō-Zen muss mit seinem Körper in Harmonie mit dem sozialen Leben sein, und sein Geist spielt mit der Schöpfung der Natur.

In diesem Zusammenhang sei folgende daoistische Geschichte erzählt:

Ein Freund Songzis sagte: »Ich habe in meinem Garten eine riesige grüne Eiche stehen. Ihre Äste sind knorrig, gewunden und unregelmäßig, und ihre Triebe sind so verwachsen, dass man sie zu überhaupt nichts mehr verwenden kann.«

Dieser Baum stand am Wegesrand und war so wenig interessant und anziehend, dass ihm niemand seine Aufmerksamkeit schenkte. Er war kein »nützlicher« Baum.

Und so sprach ein anderer zu Songzi: »Eure Unterweisung ist wie diese grüne Eiche: sehr tief und sehr groß, doch keineswegs nützlich im täglichen Leben.«

Songzi antwortete: »Kennt Ihr den Dachs und dessen Art zu jagen? In seinem Versteck, flach auf den Boden gepresst, beobachtet er die spielenden Ratten, und mit einem schnellen Sprung greift er dann eine. Der Dachs ist ein sehr geschicktes und kluges Tier – und dennoch gerät er manchmal in die Fallen der Menschen und wird getötet.

Im Gegensatz zum Dachs hat der wilde Büffel einen Kopf, der so groß ist wie eine Wolke. Da sein Fleisch nicht essbar ist, hat er überhaupt keinen Nutzen. Und da er so dumm ist, dass er noch nicht einmal eine Ratte jagen kann, begnügt er sich damit, Gras zu fressen. Er lebt friedlich auf den großen Wiesen. So gerät er nicht wie der Dachs in Fallen.«

Und Songzi fuhr fort: »Am Wegesrand, im Garten, der große, unnütze Baum... Ich mache mir keine Sorgen um ihn. Ihr könnt ihn in das angrenzende Feld oder ein anderes Stück Land umpflanzen. Ich bitte Euch, genießt Euer Leben gemäch-

lich, mühelos und unbesorgt unter diesem Baum. Dieser nutzlose Baum wird niemals gefällt werden, und er wird ein langes
Leben haben. Er kennt weder Angst noch Kummer; also sorgt
Euch nicht um ihn.«

Genau so ist auch der Zen-Mönch.

Dies heißt das Wesentliche im Wesentlichen.
Allein dies hat Erfolg.

池塘春草年年夢

Im Frühling
Träumt das Gras am Ufer des Sees.

Was ist mit dem »Wesentlichen im Wesentlichen« gemeint? Es bedeutet: die Essenz in der Essenz, der KÖNIG im KÖNIG, das Geheimnis im Geheimnis; dies ist das vierte der *go-i*. Der Erfolg, um den es hier geht, ist die Verwirklichung des Dharmas.

Werfen wir noch einmal einen Blick auf jene Geschichte:

Meister Tōzan ging in Begleitung eines anderen Mönchs auf einem Weg, der sie in eine wilde und tiefe Berggegend hineinführte. Sie kamen an eine Lichtung, und in einem kleinen Bach, der sie durchquerte, sahen sie ein Stückchen Gemüse auf dem Wasser treiben. »In diesem Gebirge lebt sicher ein Einsiedler«, dachten sie und drangen noch tiefer in den Wald ein.

Schließlich trafen sie einen alten Mönch, der in einer winzigen Einsiedelei wohnte.

»Warum lebt Ihr in dieser Weise in den Bergen?«, fragten sie ihn.

Der alte Mönch mit seinem langen weißen Bart antwortete ihnen: »Zwei schmutzige und mit Schlamm bedeckte Stiere kämpften einst miteinander. Beide sind ins Meer gestürzt und nicht mehr zurückgekommen.«

Tōzan fragte weiter: »›Das Wesentliche im Wesentlichen‹, ›das Geheimnis im Geheimnis‹. Was bedeutet das? Welches ist das ursprüngliche Ding?«

Der alte Einsiedler antwortete ihm: »Ihr werdet es nicht vor dem Haus finden. Das ist verschlossen.«

*

Vom »So ist der Dharma« des ersten Verses bis zum »Wesentlichen im Wesentlichen« dieses letzten bildet der Text einen Kreis, einen Ring, den Ring des WEGES. Er hat weder Anfang noch Ende. Wenn man das »So« verwirklichen will, muss man »das Wesentliche im Wesentlichen« verstehen, und das »Wesentliche im Wesentlichen« verweist uns auf die Verwirklichung des »So«.

Einzig das kosmische Bewusstsein kann dies verwirklichen – automatisch, unbewusst und natürlich –, durch Zazen.

*

Ich habe euch an das Ufer des Flusses geführt. Jetzt ist es an euch, das Wasser zu kosten!

Der chinesische Text des Hōkyō zanmai

寶鏡三昧歌

如是之法佛祖密附　　汝今得之宜能保護
銀碗盛雪明月藏鷺　　類而不齊混則知處
意不在言來機亦赴　　動成窠臼差落顧佇
背觸共非如大火聚　　但形文彩即屬染污
夜半正明天曉不露　　爲物作則用拔諸苦
雖非有爲不是無語　　如臨寶鏡形影相覩
汝是非渠渠正是汝　　如世嬰兒五相完具
不去不來不起不住　　婆婆和和有句無句
終不得物語未正故　　重離六爻偏正回互
疊而成三變盡爲五　　如荎草味如金剛杵
正中妙挾敲唱雙舉　　通宗通途挾帶挾路
錯然則吉不可犯忤　　天眞而妙不屬迷悟
因緣時節寂然昭著　　細入無間大絕方所
毫忽之差不應律呂　　今有頓漸緣立宗趣
宗趣分矣即是規矩　　宗通趣極眞常流注
外寂內搖繫駒伏鼠　　先聖悲之爲法檀度
隨其顛倒以緇爲素　　顛倒想滅肯心自許
要合古轍請觀前古　　佛道垂成十劫觀樹
如虎之缺如馬之駬　　以有下劣寶几珍御
以有驚異狸奴白牯　　藝以巧力射中百步
箭鋒相値巧力何預　　木人方歌石女起舞
非情識到寧容思慮　　臣奉於君子順於父
不順不孝不奉非輔　　潛行密用如愚如魯
只能相續名主中主

189

Die japanische Leseart des Textes

Hōkyō zanmai

1 – Nyoze no hō. Busso mitsu ni fusu. Nanji ima kore o etari, yoroshiku yoku hōgo subeshi.

2 – Ginwan ni yuki o mori, meigetsu ni ro o kakusu. Ruishite hitoshikarazu. Konzuru tokinba tokoro o shiru.

3 – Kokoro koto ni arazareba, raiki mata omomuku.

4 – Dōzureba kakyū o nashi, tagaeba kocho ni otsu.

5 – Haisoku tomo ni hi nari. Daijaku no gotoshi.

6 – Tada monsai ni arawaseba, sunawachi zenna ni zokusu.

7 – Yahan shōmyō, tengyō furo.

8 – Mono no tame ni nori to naru. Mochiite shōku o nuku.

9 – Ui ni arazu to iedomo, kore go naki ni arazu.

10 – Hōkyō ni nozonde, gyōyō aimiru ga gotoshi. Nanji kore kare ni arazu, kare masa ni kore nanji.

11 – Yo no yōji no gosō gangu suru ga gotoshi. Fukyo, furai, fuku, fujū. Baba wawa, uku muku, tsui ni mono o ezu, go imada tada shikarazaru ga yueni.

12 – Jūri rikkō, henshō ego, tatande san to nari, henji tsukite go to naru.

13 – Chisō no ajiwai no gotoku.

14 – Kongō no cho no gotoshi.

15 – Shōchū myōkyō, kōshō narabi agu.

16 – Shū ni tsūji to ni tsūzu, kyōtai kyōro.

17 – Shakunen naru tokinba kitsu nari, bongo subekarazu.

18 – Tenshin nishite myō nari. Meigo ni zoku sezu.

19 – Innen jisetsu, jakunen toshite shōcho su.

20 – Sai ni wa muken ni iri, dai ni wa hōjo o zessu.

21 – Gōkotsu no tagai, ritsuryo ni ōzezu.

22 – Ima tonzen ari, shūshu o rissuru ni yotte. Shūshu wakaru, sunawachi kore kiku nari.

23 – Shū tsūji shu kiwamaru mo, shinjō ruchū.

24 – Hoka jaku ni uchiogoku wa, tsunageru koma, fukuseru nezumi.

25 – Senshō kore o kanashinde, hō no dando to naru. Sono

tendō ni shitagatte shi o motte so to nasu. Tendō sōmetsu
sureba, kōshin mizukara yurusu.
26 – Kotetsu ni kanawan to yōseba, kō zenko o kanzeyo. Bu-
tsudō o jōzuru ni nannan toshite jukkō jū o kanzu.
27 – Tora no kaketaru ga gotoku, uma no yome no gotoshi.
28 – Geretsu aru o motte, hōki chingyo. Kyō-i aru o motte rinu
byakko.
29 – Gei wa gyōriki o motte-ite hyappo ni atsu, senpō aiau, gyōriki nanzo azukaran.
30 – Bokujin masani utai, sekijo tatte mau. Jōshiki no itaru ni
arazu, mushiro shiryo o iren ya.
31 – Shin wa kimi ni bushi, ko wa chichi ni junzu.
32 – Junzezareba kō ni arazu, busezareba ho ni arazu.
33 – Senkō mitsuyō wa gu no gotoku, ro no gotoshi.
34 – Tada yoku sōzoku suru o shuchū no shu to nazuku.